神の正義といつくしみ

聖書講座シリーズ 15

カトリック京都司教区聖書委員会

サンパウロ

すすめのことば

教皇フランシスコは二〇一五年四月十一日（復活節第二主日、神のいつくしみの主日の前晩）に、大勅書『いつくしみのみ顔』（Misericordiae Vultus）をもって、いつくしみの特別聖年を開催されました。教皇聖ヨハネ・パウロ二世が、神のいつくしみをテーマに一九八〇年に書かれた回勅「いつくしみ深い神」（Dives in misericordia）も参考にして、テーマは「御父のように、いつくしみ深く」でした。「あなたがたの父があわれみ深いように、あなたがたもあわれみ深い者となりなさい」（ルカ6・36）というイエスのことばに従い、わたしたちも他の人に対していつくしみを示す者となるよう招かれました。「いつくしみ、それはわたしたちの罪という限界にもかかわらず、いつも愛されているという希望を心にもたらすもので、神と人が一つになる道です。わたしたちのまなざしを、もっと真剣にいつくしみへと向けましょう。わたしたちが、御父の振る舞いを示す効果的なしるしとなるためです。これこそ、わたしがこのいつくしみの特別聖年を公布した理由です。この特別聖年は、信者のあかしがより力強く、より効果的になるために、教会にとってふさわしい時となるでしょう」（大勅書『いつくしみのみ顔』2、3）。
「神の正義と神のいつくしみ」をテーマとした聖書講座シリーズ15を発行する今年二〇二一年、わたしたちは、二〇二〇年から始まった新型コロナウイルス感染症によるパンデミックで、世界が「すべてのいのちを守るため」（二〇一九年 教皇フランシスコ訪日のテーマ）に闘っています。特別聖年のあいだ、聖堂のいつくしみの扉が開いていたのは、わたしたち一人ひとりの心の扉が、すべての人に開くことを象徴するためでした。神のいつくしみに触れたわたしたちの心の扉は、今も開かれています。パンデミックの危機を乗り越えるために、自己に閉じこもることなく、不安を抱え、困窮する人々とともに、いつくしみの愛の業を行う力を祈り求めたいと思います。

二〇二一年四月十一日「神のいつくしみの主日」に

カトリック京都司教区司教　パウロ　大塚　喜直

はじめに

今回の聖書講座のテーマは「神の正義と神のいつくしみ」です。そして、二〇一六年はいつくしみの特別聖年でした。この年、フランシスコ教皇は大勅書『ミゼリコルディエ・ブルトゥス』を出されました。

ミゼリコルディエ・ブルトゥスとは「いつくしみのみ顔」という意味です。ヨハネ・パウロ二世が『いつくしみ深い神』という回勅を出されています。そして今回の司教年頭書簡は「いつくしみ」についてでした。この三つが重なって今回のテーマになったのです。

ヨハネ・パウロ二世はファウスティーナ・コヴァルスカ（一九〇五年生まれ）という人のいつくしみについての教説をとても大事にしておられ、神のいつくしみの祝日（復活節第二主日）を設けられました。わたしは、いつくしみと聞きますと、いちばんピンとくるのは幼きイエスのテレジア（一八七三年生まれ）です。どうしていつくしみということが出てきたかと言えば、世の中が神のいつくしみから離れた時代だったからです。こういう教説が出てくるのは、いきなりということではなく、必ずその時代背景があります。今、何がいちばん必要かということが出てくるのです。聖人がそうです。その時代に必要な人が出てくるのです。ですから、その時代背景を知りたいのなら、聖人の伝記を読めば、学校で習うよりもっと深いことが分かります。

このいつくしみの特別聖年が定められたのもそうです。どうして聖年が定められたのか、皆さんもそれを心に留めながら、この講座を聞いていただきたいと思います。

聖書の中で、神の正義と愛とは一つのものです。この講座は、まずそのことを皆さんにお伝えしたいと思って企画しました。いちばん言いたいことは、愛と正義は対極にあるのではなく、愛すなわち正義であり、正義すなわち愛であるということです。皆さんにぜひそれを感じ取っていただきたい。これがいちばん大きなポイントです。

本当はテーマを「神の義といつくしみ」としたかったのです。聖書には、正義という言葉はあまり出てきません。ギリシャ語は「義」と「正義」の二つの訳がありえます。正義と訳せば現代的な概念になります。正義と言えば、わたしたちは社会正義をまず思うでしょう。交換正義です。しかし、神とわたしたちの間には同等性などなく、したがってギブ・アンド・テイクの関係ではありません。聖書思想事典を見ても、弟子たちは宣教に際し、正義という言葉は使わなかったようです。正義という言葉を使うと、ローマ帝国の権利を侵すという誤解を招く危険性があったからです。使徒たちは注意深く「義」という言葉を使ったのではないかと推察しています。カテキズムで言われている「正義」も、社会正義のことを言っているようです。キリスト教の徳は、信望愛の対神徳と超自然的倫理徳に分けられます。正義、剛毅、節制、忍耐の四つは枢要徳と呼ばれていますが、古代ギリシャ以来の西洋の中心的な徳である枢要徳としての正義とも違います。では、どのような正義なのでしょうか。

よく旧約の神は正義の神、新約の神は憐《あわ》れみの神であるとも言われます。そういう裁きの神と、優しい神という分け方がなされるような意味での義でもありません。旧約の神は、裁き、罰を与え、厳格で怖いイメージで、新約の神は優しく、憐れみ深く、赦す神というイメージを持っておられるとすれば、それは違います。しかし、テレジアの時代はこういう考え方が強かったのです。当時広まっていたヤンセニズムの影響です。そういう時代にあってテレジアは、ルーランという人に書いた手紙の中に、わたしは神の憐れみに信頼しますが、正義にも信頼しますと言っているのです。こんなことは当時絶対言えなかったことです。ところがテレジアにとって、神は基本的に憐れみ深い方で、だから神のなさることは憐れみに沿った義なのだということを、直感的に、あるいは彼女の生活体験を通して気づいていったのだろうと思います。もう一つ興味深いこととして、いけにえとして自分をささげる祈りは、テレジアのよく知られた優れた祈りなのですが、その祈りは正義にささげるというより、憐れみにいけにえとしてささげるという祈りなのです。これはまったくびっくりするような考え方なのです。テレジアはどうしてそんなことを言ったかというと、基本的に神はいつくしみなのだということ、神の憐れみは義なのだという考え方を持っていたからです。これはまさに聖書的な考え方です。今年、愛と正義というテーマで聖書講座を行うにあたり、このことを言いたいと思っていました。

ラテン語で憐れみはミゼリコルディア、正義はユスティチアですが、二つ並べるときにエトという言葉が入ります。エトは「そして」という意味もありますが、ミゼリコルディア・エト・ユスティチア、憐れみと正義、並べると二つは対極的な意味にも取ることができます。しかし、愛と正義がまったく対極のものであるという考え方は聖書的ではありません。そこで、少し遊びですが、このエトにスを入れます。するとエストとなり、これは「何々である」という意味になります。すなわち愛は正義であるということです。このエトとはわたしの勝手な思いですが、霊です。霊が働くのは砂漠です。自分が輝いていたのでは、霊は働くことができません。自分を無化してこそ霊は働くのです。霊は神中心です。決して自己中心ではありません。謙遜でなければ霊は働かないし、霊が働いてこそ憐れみは正義となるのです。

創造物語にあるように、人間は塵《ちり》にすぎません。土から造られ、その器に神が息を吹き込むことによってアダムとなったのです。ミゼリコルディアのミゼルとは、憐れな、惨めなという意味ですが、人間はそもそものようなものなのです。そこに神の愛、恵み、憐れみ、神の義が触れるのです。このミゼリコルディアは神の憐れみであって、人間の憐れみではありません。そうするとこのかかわりは抽象的なものではなく、具体的なものとなります。人間の世界の愛と正義にこだわっていれば、それは交換正義になってしまいます。しかし、この憐れみは神の憐れみです。交換ではありません。

ヨハネの手紙一の4章はよく誤解されます。「目に見える兄弟を愛さない者は、目に見えない神を愛することができません」(4・20)とあります。わたしたちは、隣人を愛する人は神を愛すると思い込んでしまいます。しかし、この箇所の前後を読むならば、神は愛であり、誰であろうと愛されます。罪人であろうと義人であろうと誰でもです。その前提があって、先の言葉になっているのです。この関係がなければ言えません。どうして私たちが隣人を愛するかと言えば、神がどの人も一人ひとりをみんな愛されているからです。そのことを忘れてはいけません。まず、「神の」ことを中心に考えて、そのうえで人間の間におけることを考えなければなりません。社会事業や奉仕をする時にも同じです。「神の」を忘れるとどうでしょう。キリスト教的な社会正義は、傲慢、自己満足となる危険があり、キリストの愛に結ばれたものではなくなります。まず神の愛があるのです。この関係性、かかわりをしっかり踏まえておくことです。愛と正義を峻厳に分けるのではなく、神の愛においては一つの現実です。正義とは、神とわたしたちがふさわしいかかわりを持つということです。神とのふさわしいかかわりとは何かと言えば、それは愛のかかわりです。対立するものや矛盾するものではなく、一つのものなのです。

創世記には第一創造物語と第二創造物語があります。第一は1章1節から2章4a節、第二は2章4b節からです。後者の方が古く、紀元前六世紀から八世紀、前者は紀元前八世紀から十世紀に書かれたと言われています。少なくともここに二百年の違いがあります。第一物語では神が「あれ」と言われた。「なった」「よかった」です。「あれ」「なれ」「よかった」、この三つの言葉が続きます。これらの言葉は神がおっしゃったのです。神が関係をつくるのです。ここから始まります。人間の場合は特別です。「似せて」や「かたどり」という言葉があって人を造られます。そしてその人間の前に、「あれ」「なれ」「よかった」ものを置かれ、それらを支配せよと言われます。この支配ということは、上から統治するのではなく、そこに入っていって共にという意味が込められています。そのようなかかわりを持ちなさいということです。ラテン語で言うと、オルドです。これは秩序ということなのですが、整理する、命じるという意味もあります。神の秩序に従って、ということです。この秩序を崩すとおかしくなります。いま起きている環境問題は、この秩序を崩したことによって起こっていると言えます。支配ということばかりにとらわれて、自分勝手にすることによって崩れているのです。

秩序は神が定めた道すじ、方向性、目的性です。それに従って行いなさいということなのです。指令する立場であるとともに、奉仕する立場でもあるのです。神の義と愛のかかわりということも、そういうことを踏まえておかないといけないでしょう。神のあふれる愛を委ねられた人間は、その秩序にふさわしく仕えていくのです。人間が何かをするとき、この神の愛にふさわしく、神のご計画にふさわしく、み心にふさわしく生きる。そこに神の愛、義が実現するのです。

第二創造物語で大切だと思うのは、「主なる神は、土（アダマ）の塵で人（アダム）を形づくり、その鼻に命の息を吹き入れられた。人はこうして生きる者となった」（2・7）というところです。土くれにすぎないものが、神の息によって生きる者となります。この関係を常にもっていないといけません。人間の基本的な関係というのは、この関係です。人間は神の息がないと生きられないのです。土くれという無にしかすぎない人間が、この神とのかかわりを崩してしまえばおかしくなります。

人間は土の器の中に神の息があふれているわけですから、ある意味で神に近いものになっています。問題はここから起こるのです。この関係がしっかりしていればよいのですが、そこに忍び寄るものがあります。それがサタンです。サタンは光り輝く存在でした。神ではないかと思われるほどです。これが悪魔の頭《かしら》ルシファー、光をつくりだすもの、もたらすものです。それに対して大天使ミカエルは対抗します。

人間の中で、最も光り輝く者は誰でしょう。わたしは女性だと思います。アダムは土くれから造られましたが、エバはアダムの肋骨から造られました。心臓に最も近い部分です。アダムとエバでは材料からして違います。人間の完成品は女性ではないかと思うのです。

人間の中で光り輝くもの、女性、だから蛇は悪魔の口説きのテクニックを使ってエバに近づいたのです。園には食用の木、観賞用の木、そして中央にある知識の木、命の木がありました。蛇はそこで「どうしてこの実を食べないのですか」と言います。エバは答えます。「園の中央に生えている木の果実だけは、食べてはいけない、触れてもいけない、死んではいけないから、と神様はおっしゃいました」(創世記3・3)。それに対して蛇は、「決して死ぬことはない、この実を食べて神のようになるのを神は恐れているのだ」と言います。悪魔は決してうそをついているわけではありませんが、光り輝いているあなたは、もっと光り輝くものになれるのだと、非常に巧妙にエバを誘惑します。これが偶像崇拝です。これは歴史を通してずっと出てきます。驕《おご》りとは何かというと、自分を偶像にすることです。これは神とわたしたちの関係を崩してしまいます。義に反し、ふさわしい神との愛のかかわりを崩し、あふれるほどに与えてくださったその命を崩してしまうことです。ここに悪の根源、神から離れてしまうことの根源があります。人間が人間として、ふさわしく生きることができない根源があります。個々を踏まえておいていただきたいと思います。

神の義とは、ふさわしい在り方で神とのかかわりを持てることです。それは神の愛そのものです。ところが、悪魔の誘惑に負けたためにそれができなくなっている、あるいは危うくなっているのです。その後もこの手の誘惑は常に出てきます。バベルの塔もそうです。人間の力で神を支配しようとするのです。

十戒の第一は何ですか。「わたしのほかに神があってはならない」です。十字架とは何ですか。「神でありながら神であることに固守しようとはせず」です。それで救いが全うされたのです。このことはわたしたちの生活にいつも反映していきます。愛である神への正しくふさわしいわたしたちの態度とは、自分の中に偶像をつくらないこと、自分が偶像にならないことです。皆さんは、わたしは大丈夫と思っていらっしゃるかもしれませんが、その時こそ注意してください。

神の義とは、神の愛そのものだということを心に留めながら、この講座を聞いてくだされればと思います。

京都司教区聖書委員会
京都司教区司祭　村上　透磨

目次

ホセア書

聖パウロ修道会司祭　澤田　豊成

はじめに

皆さん、ホセア書をご存じですか。旧約聖書のどのあたりにあるか、おわかりでしょうか。

旧約聖書の預言者の書物のうち、多くの人たちがよく知っているのは、大預言者と言われるイザヤ、エレミヤ、エゼキエル、そしてダニエル書です。それ以外の、あまりよく知られていないものを小預言者たちと呼びます。聖書の中には、小預言者たちの書物が十二書あり、その中でも、旧約の歴史、イスラエルの民の歴史において非常に重要な役割を果たした書物があります。また、新約に入ってからも、イエスの福音宣教活動においてしばしば引用され、示唆された書物もあります。これらは、教会の中でも重要な書物として比較的よく読まれています。

ホセアはその小預言者の一人です。ホセア書は、祭儀、儀式、生贄《いけにえ》といった、イスラエルの民が神との関わりを育んでいくなかで非常に大切なこととしていたものに対比する形で、神のあわれみと、それに対するイスラエルの民の応え、つまり、両者の関わりの重要性を描いていきます。深い内面的な関わりをこそ重視していく、旧約聖書の中にはそういう特徴を持った書物があるのですが、その中でも筆頭格に挙げられるのがホセア書なのです。だから、ホセア書は、新約聖書でも、イエスの話の中で、福音書の中でしばしば引用されています。その意味で、神の正義と神のいつくしみについて語ろうとするとき、旧約聖書をよく知っている人は、必ずホセア書を取り上げるだろうと思います。今年の講座の中にホセア書が組み入れられることになったのもそのためでしょう。ただ、気をつけていただきたいのは、神のあわれみ、いつくしみといったときの視点や広がりは決して一面的ではないということです。聖書の中で、契約の民であるイスラエルの民が、あるいは教会がそれをどう受け止めてきたのか、どう伝えようとしてきたのか、書物によってその視点は違っているのです。

ある書物は、神のわたしたちに対する働きかけを重点的に述べようとします。物語文学や歴史文学はこういった傾きが強いです。ある書物は、神がどれだけイスラエルの民にあわれみを注いだのか、しかし彼らがいかに神のあわれみに応えなかったのか、ということを、特にシンボルを通して描き出しています。

わたしたちが神のあわれみという言葉を思い浮かべたときに、わたしたち一人ひとりが理解し、感じていることとは違うのです。だから、わたしたちは言葉そのものに捉われることなく、それぞれの書物が示そうとする神のあわれみ、神のいつくしみとはどのようなものなのかを読み深めていく必要があるでしょう。ホセア書の特徴、その一つはイスラエルの歴史で初めて、主である神とイスラエルの民との関係を夫婦の関係に当てはめて説明しようとしたということです。ホセア書は、神とイスラエルの関係を夫婦の関係に当てはめるに際して、その関係のポジティブな側面、うまくいっている側面を当てはめたわけではありません。うまくいかない部分を当てはめて、説明しようとするのです。神の側、夫である神の側からは、妻であるイスラエルの民に対してありとあらゆる面で愛を注ぎます。しかし、その一方でイスラエルの民はこれに応えようとしません。具体的には、さまざまなことが記されていますが、いちばん典型的な罪、糾弾されている罪は、唯一の神を離れて、異教の神々への祭儀に参加することです。約束の地で礼拝されていたカナンの神々への祭儀、偶像にすぎない神々への祭儀にあずかることです。あるいは神の望みに従おうとしないことです。こうしたイスラエルの神に反し、応えようとしない生き方、それをホセア書は夫婦の関係に当てはめて、夫に対する裏切り、つまり姦淫《かんいん》という言葉で強く告発していくのです。神とイスラエルの関係を、それこそ夫婦の愛に当てはめて語っているのであれば、そこに愛の深さ、素晴らしさを感じることができるのでしょうが、ホセア書が第一にこの比喩を通して気づかせようとしていること、それはイスラエルの民の罪、神に対する姿勢がどれほどひどいものなのかということなのです。しかも、預言者ホセアはこれを自らの行動でもって示すように、伝えるように命じられているのです。

神とイスラエルの関わりを夫婦の関係になぞらえる

預言者ホセアは、実際に不貞の女性を妻とするように命じられ、それを実行したと記されています。果たしてこの記述が、ホセアが実際に行ったことなのか、それともいわゆるフィクション、架空の物語であり、それを通して聴衆に問題点を気づかせようとしているだけなのかはわかっていません。しかし、ホセア書は少なくともこの枠組みを通して、非常に強烈なメッセージを発しています。ただし、わたしたちにはこの強烈さが伝わりにくいだろうと思います。わたしたちにとって、神とわたしたちとの関係を夫婦の愛でもって想像していく、イメージしていくことは、特別なことではないからです。わたしたちは、預言者ホセアに始まったであろう、こういう皮肉に満ちた、違和感を生まずにはいない比喩《ひゆ》を、もはや当たり前のことと感じるようになった時代の人間だからです。しかし、ホセアの時代には、つまり、夫婦の関係を神とイスラエルの民との関係に当てはめることなどしてこなかった時代には、この比喩はどう受け止められたでしょうか。そんなにすんなり受け止められたはずはないと思います。

例えば、結婚式で新郎新婦を見ているると、ああ、喜びに満たされているな、素晴らしいな、幸せそうだな、と思います。しかし、実際の生活が始まれば、必ずしもそんなことばかりは言っていられない、現実の生活が待っています。お互い異なる人間です。夫婦といっても考え方は違います。だんだんと相手の癖とか習慣とかいろいろなことが気になっていきます。受け入れ合って生きていくというのは、そんなにたやすいことではありません。ある意味で、生々しい、どろどろとしたものを神とイスラエルの民、神と自分たちの関係に当てはめるのです。神だけがわたしたちに対して不変の愛を貫いてくださり、わたしたちはそうではない、こんな一方的なことは夫婦の間ではめったに生じません。夫婦の関係を当てはめるということは、通常この関係をそっくりそのまま神と人間との関係に当てはめることを意味しますから、考えようによっては、それは神に対する大きな冒瀆《ぼうとく》になってしまいます。神を人間の夫と同じように扱っているようにも受け取れるからです。イスラエルの民にとって、それはとんでもないことでした。聖なる神を不十分な人間と同列に置き、人間自身の世俗性とか、生々しさとか、罪深さとか、弱さとか、本能的な傾きとか、そういったものまで神に当てはめてしまうことになるからです。

だからこの時代、夫婦の関係を神と人間、神とイスラエルの聖なる契約の関係に当てはめようとする考え方は存在していませんでした。神の側が一方的なまでにイスラエルの民に愛を注いでくださり、決してそれを変えることなく、忍耐強く関わり続けてくださる。これを人間の世界の何らかの関係で表そうとしても、当てはまるものはありません。だから、逆に夫婦の関係を神とイスラエルの民の関係に当てはめることもなかったのです。しかし、この比喩は非常に大きな効果をもたらしうるものです。それは、不貞、裏切り、今でいうと不倫ですが、こういうことと結びつけることによって、イスラエルの民、自分たちの罪がどれほどひどいものか、実感することができるようになるからです。それまでは、神の、それこそ圧倒的なまでの愛とあわれみに包み隠されてしまって、よくはわからなかったのですが、夫婦の間の不貞に結びつけることで、これほどひどいことを自分たちはしているのだ、ということに比較的簡単に気づくことができます。いや、気づかざるをえないのです。その意味では非常に有効な手法だったのです。ここから始まって、結婚の関係を当てはめていくということは、神の側からの愛の深さを深めていく歩みにもつながっていったのです。

いずれにしても、わたしたちにとって結婚は秘跡です。結婚における夫と妻の関係は、キリストと教会、神と人間の愛の関係を証しし、生きるものであり、そのための恵みを夫婦が結婚の秘跡のときに受けたことを信じています。修道生活においても、伝統的にシスターたちのことをキリストの花嫁と呼びならわし、今では行わないかもしれませんが、昔は修道会への入会や誓願式のときに花嫁衣装を着ることも行われていました。それぐらい神との関係を、夫婦の関係で捉えていくということは当たり前になっていったのです。その遺産を、財産を私たちは受け継いでいます。ここまで当たり前になるくらい、この比喩はわかりやすいメッセージ、深めやすいメッセージだったのです。

聖書のなかで使われたイメージは、そのすべてが今の時代にまで普遍的に伝えられ、深められてきたわけではありません。例えば、イエス・キリストの時代や初代教会の時代には、キリストや教会の責任者たちを「羊飼い」という言葉を使い、羊を牧するというイメージを当てはめていました。しかし、この時代には教会の責任者たちを表すもう一つの重要なイメージが使われていました。「漁師」です。

魚をすなどるように、人をすなどるというイメージが教会の宣教活動に当てはめられたのです。ところが、「漁師」とか、「人をすなどる」という表現は、教会の役職や宣教活動を表す言葉としては定着しませんでした。魚を獲って食べる地域にキリスト教が浸透していかなかったからかもしれません。もし日本に真っ先にキリスト教が伝わっていたら、司教を表す言葉としては、「牧者」ではなく、「漁師」が定着していたかもしれません。しかし、教会に定着したのは、「牧者」という言葉とイメージでした。

ホセアが始めたであろう、神とイスラエルの民との関係を夫婦の関係になぞらえていくという試みも、イスラエルの民の中に、また教会の中に浸透していったイメージの一つです。この意味で、ホセア書は非常に重要な書物なのですが、その割には、預言者ホセアがどういう人物だったのか、何を行ったのか、書物としてのホセア書はどのように作られていったのか、これらに関して多くのことはわかっていません。

ホセア書の歴史的背景と構成

ホセア書の冒頭に、このホセアという預言者が活動した時期が記されています。ユダの王、イスラエルの王がそれぞれ挙げられています。ここで、イスラエルが王国時代に移行するころからの歴史を振り返っておきましょう。紀元前十一世紀ごろ、イスラエルは王国時代に入ります。イスラエルの最初の王はサウル王でした。しかし、サウル王とその息子ヨナタンはともに戦死してしまいます。はっきりとはわかっていませんが、イスラエルの民といっても、ユダ族とそれ以外の十一部族は異なる歩みをしてきたと考えられています。ダビデ王は、最初、ユダ族だけの王でした。ところが、サウル王と息子ヨナタンの死後、ダビデ自身の強烈なカリスマ性のもとに、他の十一部族も含む統一王国ができあがります。このダビデの後を継いだのがソロモン王です。しかし、ソロモン王の後、王国は二つに分かれてしまいます。ユダ族とそのほかの十一部族に分かれるのです。十一部族と一部族に分かれるのですから、数字だけ見ると、あまりも偏りがあるように思えるかもしれませんが、ユダ族の土地（＝ユダヤ）は、他の部族の土地に比べて突出して大きく、ユダ族だけで一国を形作ることができるほどでした。ユダ族のほう（＝ユダ王国）はそのままエルサレムを都とし、そしてダビデ家の家系が王位を継いでいきます。ところが、北のほう、イスラエル王国の首都は一定ではありませんでした（ただし、ほとんどの時代、サマリアが首都）。また、次々と王が変わり、王朝も変わっていきます。しばしばクーデターが起こっては王朝が変わり、それが繰り返されていくのです。このホセア書が記しているユダの王、つまり南王国の王は四人。イスラエルの王、つまり北王国の王は一人だけです。それは、北王国が特に繁栄した時代です。経済的に豊かであり、そして安定していて、平和でもありました。そうは言っても、イスラエルは弱小民族ですから、その繁栄は周囲の大国（エジプト、メソポタミアのアッシリア、バビロニア、さらにその東のペルシア）に影響されます。イスラエルが王国として比較的豊かで安定していたとしても、それは自分たちの力が強かったからではありません。周りの大国の勢力が衰退して、その圧迫が弱まったというだけのことなのです。イスラエルの状況は、大国の盛衰やその方針に左右されるのです。

さて、ホセア書冒頭に記されているイスラエルの王、ヨアシュの子ヤロブアム二世は、紀元前七八五年から七四五年にかけて、四十年にもわたって王として北王国を統治しました。この王位期間の長さは、イスラエルの王、北王国の王としては突出しています。一年ももたずに次の王に代わるということもあったからです。ヤロブアム二世の時代は、それだけイスラエル王国が安定していたということです。ところが、同じくホセア書冒頭に記されているユダの王四人の統治期間を合わせると、ヤロブアム二世の統治期間よりも大幅に長い期間であることがわかります。ユダの四人の王の統治期間は、紀元前七八一年から六八七年までです(繰り返しますが、ヤロブアム二世の統治期間は紀元前七八五年から七四五年です)。なぜこれだけの差があるのだろうか。なぜイスラエルの王は一人しか挙げられておらず、その一方で、ユダの王は四人も挙げられているのだろうか。預言者ホセアはおそらく北王国の人で、北王国で活動しているのですが、それではなぜ南王国の王の名前を挙げる必要があったのだろうか。残念ながら正確なことは一切わかっていません。ホセアについては、このころに活躍した預言者であるということしかわかっていないのです。

　さて、北王国はヤロブアム二世の時代に繁栄したと先ほど言いました。ところが、ヤロブアム二世が亡くなって約二十年後、七二二年ないし七二一年には、イスラエル王国はアッシリアという大国に滅ぼされてしまいます。イスラエル王国は、ヤロブアム二世の時代に、これまでにないくらいの繁栄を謳歌《おうか》していましたが、アッシリアが強さを取り戻しただけでイスラエル王国は滅んでしまうのです。アッシリアは勢力を取り戻すと、西へ西へと侵攻を始め、まずイスラエル王国の北方にあった、ダマスコを首都とするアラム王国を攻めます。アラムは単独ではアッシリアに対抗できませんから、イスラエルと手を組みます。それでも劣勢であったアラム・イスラエル連合軍は、さらに南のユダ王国を仲間に取り込もうとします。ユダ王国が同盟に加わることを拒絶したため、アラム・イスラエル連合軍はユダ王国に侵攻します。窮地に追い込まれたユダ王国は、あろうことかアッシリアに助けを求めます。アッシリアは、ユダを助けるという大義名分を得て、あっと言う間にアラムとイスラエルを滅ぼしてしまいます。しかし、アッシリアに助けられたユダも、その対価としてアッシリアに莫大な金を支払うよう要求されます。そして、ユダもアッシリアに反旗を翻すのです。アッシリアは即座にユダに向けて侵攻し、エルサレムを包囲します。しかし、エルサレムも陥落し南王国もアッシリアに滅ぼされる寸前だったとき、不思議な現象が起きました。夜が明けると包囲していたアッシリア軍がいなくなっていたのです――これを聖書は神の恵みと理解します――。実際には、何らかの理由があって撤退したのでしょうが、いずれにせよユダ王国はその時代からさらに百五十年くらい生き延びることになります。ホセアが活躍した時代は、イスラエル王国が繁栄していた時代、豊かであった時代、しかし、すぐ先に滅亡が迫っている時代と言えるでしょう。

預言者ホセアが活動した時期は、預言者アモスの活動時期とほぼ重なります。また同時期からその後の時期にかけて、南王国では預言者イザヤが活動しています。アモスやイザヤが問題にするのは、大きく分けて二つの点です。いちばん問題となっていたのは、豊かさから生じる社会的不正、貧しい人に対する搾取、祭儀には参加しても心が神から離れてしまっているという問題でした。また、もう一つは、激動の時代の中で他の国々に頼ってしまうこと。指導者たちはそうせざるを得ないと考えたのですが、それは預言者の目には罪と映りました。神に信頼するのではなく、自分たちの力、あるいは大国の力に頼っているからです。横道にそれますけれども、このことはわたしたちにとっても大きな問題です。わたしたちが本当に神に信頼しているのか、あるいは自分たちの力、人材、能力、お金……に信頼しているのか。教会や修道会がどっちに信頼しているのかと問われたら、わたしたちはどう答えるのでしょうか。今この時代、ここに預言者が現れたとすれば、どういうふうにわたしたちに言うでしょうか。神に信頼し続けるというのはなかなか難しいことです。神は想定外の方だからです。わたしたちが計画したとおりには物事を進めてはくださいません。だから、わたしたちには、自分たちで考え、計画を立て、そのとおりに実行するほうがより確実に見え、安心安全に思えるわけです。しかし、人間のこの無意識の傾きが預言者たちには大きな罪に映ったのです。アモスやイザヤに対して、ホセアはもう一つ違った問題に焦点を当てます。それは偶像崇拝です。カナンの神々、特にバアル神への祭儀に参加してしまう。ホセアは、それを鋭く糾弾しています。

ホセア書全体の流れについても少し述べておきましょう。この書物は、重要な書物であるにもかかわらず、書物全体に一貫性があるのかどうか、統一されたテーマがあるのかどうかはよくわかりません。1章から3章までは比較的まとまっています。しかし、全体として一貫したメッセージ性があるのかというと、研究者の間でも説得力のある説があるわけではありません。このことは、預言書全般に言えることです。大ざっぱに言って、これこれのテーマを中心的に述べていると言うことは可能でしょう。しかし、他に見られるテーマに関して、なぜそういうことを述べていくのか、全体をまとめることができるのか、この編集者が何を意図してこのように組み上げたのかということに関しては、研究者の間でもほとんどの書物に関して意見が分かれています。

さらに厄介な問題があります。ホセア書には、どう読んだらいいのかわからない箇所がいくつか存在するのです。そのため、古代に翻訳されたギリシャ語訳や、ほかの言語に訳されたものを参考にしたり、あるいはほかの言語と比較しながら意味を予測したりするしか方法がないのです。こうした本文を、聖書学の用語では、「テクストゥス・コルプトゥス」と言います。日本語に直訳すると「腐敗した本文」という意味になります。例えば、食べ物を袋に入れてずっとそのままにしておくと、腐るだけでなく、腐った後は原形をとどめなくなります。こうなると、もともと何だったのか、さまざまな方法で推測するしかなくなります。聖書にこのような表現を使うことに、つまずく方もいらっしゃるかもしれませんが、わたしたちの聖書、神の言葉は、こういう特徴をも持っているのです。全部が全部、読み方がはっきりしているわけではありません。翻訳とか解釈とかそういうレベルの問題ではなく、もともとの本文がどう読まれていたのかわからない、そういうものもあるということです。聖書は神の言葉です。しかし、人間の言葉で書かれ、人間の歴史を尊重して書かれています。人間の限界や弱さ、不十分さを含んだうえで聖書は記されているということです。幸いなことに大筋で意味が変わるわけではありません。しかし、この全部がわからないという事実を、わたしたち自身は謙虚に受け止める必要があります。これは、神の子イエス・キリストが人となられた神秘と相通じるものだとわたしは思っています。被造物としての人間の限界と弱さ、それを神が大切にしてくださるなかで、救いの歴史は織りなされ、聖書も記され、伝えられたのです。

イスラエルの罪とその結末

教皇フランシスコは、いつくしみの特別聖年の大勅書『イエス・キリスト、父のいつくしみのみ顔』21番で、ホセア11章を取り上げ、これと結びつけて、神のあわれみについて説明しています。この講座では、まとまりがあると考えられている1章から3章までと、そして大勅書に取り上げられている11章とを読み深めながら、ホセア書が語る神のいつくしみとはどのようなものであって、神の義との関わりはどういうものなのか深めてみたいと考えています。

さて、ホセア書1章2節は、神の言葉から始まります。ホセアに対して告げられる神の命令です。その後、ホセアがなぜこの命令を実行しなければならないのか、その理由が述べられます。神の命令は驚くべきものです。「行って姦淫《かんいん》の女を娶り、姦淫の子らを得よ。この地は主を捨てて姦淫に耽《ふけ》っているから」。実際に、このような言葉を誰かから言われたとしたら、ギョッとすることでしょう。わたしたちは不思議なもので、聖書の言葉や内容に対して、無感覚になるときがあります。ミサの中でホセア書が読まれるとき、こういう言葉が語られても、誰も驚かず、うなずきながら聞いているのです。しかし、もし誰かが同じ言葉で共同祈願の意向を唱えようとすれば、どうでしょうか。例えば、「わたしたちの教会はあなたから離れ、姦淫の罪を犯しています。どうぞこの罪深い姦淫にまみれたわたしたちをおゆるしください」。皆が驚くことでしょう。心をかき乱され、嫌な気分になることでしょう。後で、司祭から呼び出されるかもしれません。「祈りのときにそんな表現を使ったらダメです。祈りにふさわしい表現を使ってください」、と。しかし、旧約はこういう点ではすごく生々しいのです。わたしたち人間の生活の中のドロドロした部分、本能的な部分をえぐり出して、わたしたちの問題点に気づかせようとします。これは、美しい言葉だけを使っていては、見えてこない部分です。自分のことを見つめるとき、こういう旧約の表現なども参考にするといいと思います。わたしたちは、自分の聖なる部分、よい部分だけが救われれば、それでよいのではありません。罪深いドロドロした部分、生々しい部分を含めた、わたしの全てが救われなければならないのです。わたしの全体が神と関わっていく必要があります。臭いものに蓋《ふた》をしていくというのは、神との関わりのうえでやってはいけません。自分のそういう部分にこそ目を向けなければば、真の回心の歩み、救いへの歩みは成り立ちません。

それでは、ホセア書を初めて聞いた人はどんな反応を示したのでしょうか。戸惑い、驚いたことでしょう。いったいどう受け止めればいいのだろうか、と感じたことでしょう。それでも、この神の言葉が自分たちに向けられていることはすぐにわかったはずです。「この地（＝イスラエル）は主を捨てて姦淫に耽っているから」。こんなひどいことまで言われなければならないわたしたちの罪とは、いったいどういうものなのだろうか。これほどまでの罪を、わたしたちはいったいどうやって犯したのだろうか。聞いている人たちは戸惑いつつも、あるいは反発を感じながらも、自問自答したことでしょう。こうして、聴衆はホセア書の言葉に引き込まれていくのです。

ホセアは、この神の命令に対して何も問い返すことなく、その言葉に従い、行ってディブライムの娘ゴメルを娶《めと》ったと記されています。すると、彼女は男の子、女の子、男の子というように三人の子供を産みます。夫婦の関係を、神とイスラエルの民の関係に当てはめていますから、三人の子供たちとそれぞれの名前は、神との関係においてイスラエルの民の罪深さが生み出す結果と考えてかまわないでしょう。だから、神との関係が改善すれば子供たちの名前も変わっていくことになるのです（2・1―3参照）。

第一の子供は「イズレエル」と名づけられます。イズレエルという名前、これは、イスラエルの北王国の中にある地方の名前です。イズレエルは、丘陵地帯と地中海の間に挟まれた土地で、イスラエルの地にあっては珍しく、非常に広大で肥沃な平野を形成しています。イズレエルは、本来、肥沃な土地ですから、ポジティブな名前のはずです。しかし、ホセア書がこの語を使うときの意味合いは違います。ホセア書にとって、イズレエルは裏切りの地であり、神が選んでくださった王の血を流し、その王の地位を強奪したという罪がなされた場所なのです（「イズレエルの血の報い」1章4節）。こうして王となったのがイエフですが、ホセア書はこの「イエフの家を罰し、イスラエルの家の王国を終わらせる」（同上）と述べています。はたしてイスラエルの国全体が滅ぶのか、イエフ王家が滅ぶのかは明確ではありませんが、非常にネガティブな視点であることは事実です。

イエフが王となる経緯は、列王記下9章1節以下に記されています。しかし、わたしたちは列王記の記述とホセア書の記述の違いを前に、戸惑ってしまいます。

列王記では、イエフはポジティブな存在で、神の業を具現する者として描かれているからです。イズレエルでの出来事は、ナボトのぶどう畑の物語（列王記上21章）と結びつけられています。当時の王アハブはナボトのぶどう畑が欲しかったのですが、ナボトは神から与えられた先祖伝来の土地だからという理由で手放そうとしません。そこで、アハブ王の妻イゼベルは偽りの裁判を起こして、ナボトを有罪に定め、処刑します。ナボトが死んだ後、イゼベルの進言によって、アハブ王はこの土地を自分のものにします。これに対して預言者エリシャが送られ、これほどの罪を神が見逃すはずはなく、アハブ王家は滅びることを告げます。エリシャは、この言葉の実現のために、イエフに油を注ぎ王とするのです。つまり、列王記の視点では、イエフはアハブ王家を罰し、滅ぼすために神から選ばれた次の王ですが、ホセア書ではイエフの行為が非常にネガティブな視点で描かれています。歴史的出来事の読み方、受け止め方は、必ずしも一様ではないのです。いずれにせよ、ホセア書では、王の交代という単に政治的な問題という視点ではなく、神が任命し、油を注いでくださった王の血を流したこと、つまり神の計画に対する、神の行為に対する背き、裏切り、反乱という意味で、イズレエルという名前がつけられています。

二番目の子供は女性です。「ロ・ルハマ」と名づけられます。「ロ」というのはヘブライ語で否定詞、「～ではない」という意味です。「ルハマ」は、「あわれむ」という意味の動詞「ラハム」から派生した受動分詞で、「あわれまれる」という意味です。ですから、この女の子には「あわれまれない者」という名前がつけられたということです。この「ラハム」という単語は、もともと名詞として女性の子宮とか胎を表すために用いられる語で、それを神のあわれみを表すために使っているのです。こういう手法は、定義できないこと、表現しきれないことを伝えようとするときに使われるもので、この単語から連想される広がりを通して意味を感じ取ってもらおうと意図したものです。この「ラハム」の場合、女性が子供を自分の胎内に宿したことから生じる希望や喜びであったり、さまざまな形で感じる一体感であったり、胎児がだんだん大きくなるに従って感じる痛み、陣痛であったり、生みの苦しみと喜びであったり、子育てをしていくうえで母親が子供に対して感じるありとあらゆる思いであったり……。これらのことを全部ひっくるめて、神がイスラエルの民に対して持っておられる思いや姿勢を伝えようとしているのです。あわれむという日本語の表現が、果たしてこの意味を表すうえで適切なのかどうかというと、わたしには必ずしもふさわしい訳語とは思えません。原語にはやはり、もっと生々しい躍動感にあふれた喜びと希望、さらには、現実の苦しみや痛みなどが入り混じっています。もっと激しい、強い言葉なのです。別に理由があるわけでもないのに、神がイスラエルの民に注がないではいられなかった、「ラハム」という言葉に含まれた神の側からのありとあらゆる思い。この意味での神のあわれみが、イスラエルの罪深さゆえに全てなくなる、否定されるということを、二番目の子供の名前は示しているのです。

最後の子供には「ロ・アンミ」という名前がつけられます。「ロ」は、二番目の子供のときに述べたように、否定詞です。「アンミ」は、イスラエルにとって重要な表現です。「アム」(＝民)＋「ミ」(＝わたしの)で「わたしの民」という意味なのですが、聖書の中ではイスラエルの民以外に「アム」が用いられることはありません。「民」といえば、それはイスラエルの民です。しかも、神が「わたしの民」と呼んでくださる民なのです。この表現は、契約を表す典型的な言葉です。契約とは、神が「あなた方はわたしの民であり、わたしはあなた方の主である」と約束してくださる関係にほかならないからです。神は、イスラエルの民に対してほぼ一方的に、あなた方を導きたい、保護したい、繁栄させたい、あなた方に約束の地を与えたい、あなた方を祝福で満たしたい、あなた方と共にいたい……と宣言なさったうえで、イスラエルの民に対して、あなた方はこの関係に入りたいか、と尋ねてくださいました。「契約」と言いますが、全てをしてくださるのは神です。人間の側には何も求められていません。当然のことですが、イスラエルの民は、この関係を喜んで受け入れ、その関係を生きたいとの望みを表明します。この無償の関係、恵みの関係が否定されるのです。もはやわたしの民ではない。つまり、お前たちはわたしの民ではなく、わたしはお前たちの神ではない。根本的な契約の関係すら断ち切られてしまうのです。

これがホセア書の冒頭です。非常に強い言葉です。滅びが宣告され、神からのあわれみが取り去られ、神との恵みの関係が全面的に否定されるというのです。聞いているイスラエルの民の側は、これらの言葉に恐れおののきつつも、なぜこれほどの罰を受けなければならないのか、という疑問を持ちながら読み進めていくわけです。

すると、驚くべきことが起こります。２章になるとなんの前触れもなしに全てがひっくり返されていくからです。１章で言われていたことはなんだったのかと思えるような、希望に満ちた言葉が続きます。「イスラエルの子らの数は、海辺の砂のように数えることも、量ることもできないようになる」（２・１）。これはアブラハムに言われたあの祝福の言葉、約束の言葉、契約の言葉（創世記13・16、15・5、22・17など）を彷彿とさせる言葉です。「彼らは、『お前たちはロ・アンミだ』と言われる代わりに、『生ける神の子ら』と言われるようになる」（ホセア２・１）。もはや、「わたしの民ではない」などとは言われない。それどころか、あなた方は「生ける神の子供たちだ」と言われるのです。「ユダの子らとイスラエルの子らはともに集まり、一人の頭《かしら》を立ててその地の主権を握る。イズレエルの日はまさに大いなる日となる。お前たちの兄弟に『アンミ』と言い、お前たちの姉妹に『ルハマ』と言え」（２・２、３）。「ロ」、つまり否定詞、否定的なことがまったく取り去られます。あわれみを受ける者となる、わたしの民となる。そう宣言するのです。１章で突き落とされたと感じた聴衆は、２章１―３節で天にまで上げられた気持ちになったことでしょう。

　ところが、2章の4節に入ると、ホセア書の言葉は再びイスラエルの民の罪の告発に戻ります。今度は、子供たち（おそらく1章で登場した三人の子供）に対する呼びかけとして語られます。母親はイスラエルです。「咎《とが》めよ、お前たちの母を咎めるのだ」（2・4）。よその人が自分の子供に、こんなことを言ったら母親はカッとなります。そういう状況です。普通ならあり得ないことです。しかし、それをしなければならないのです。それほどこの子供たちの母親であり、わたしの妻であるイスラエルはひどいのだということを、ホセア、あるいは神は語るのです。「彼女はもはやわたしの妻ではなく、わたしは彼女の夫ではない」（同上）。いったい何が問題なのでしょうか。ホセア書は、今回も夫婦の関係とそこからの逸脱になぞらえて、イスラエルの罪を告発します。妻（＝イスラエル）は夫（＝神）から離れ、「愛人」のもとに行き、姦淫を行ったのです。そして、ホセア書は次第にこの「愛人」がカナンの神、バアルであることを明らかにしていきます。イスラエルの民は、カナンの神々、特にバアル神への偶像礼拝を行ったのです。主である神こそがイスラエルの民に全てを整え、全てを与え、そして全てを恵んでくださいました。それにもかかわらず、イスラエルの民は主である神から離れ、バアルを追いかけていきました。夫から離れて愛人のもとに行っただけではなく、あろうことか夫からもらったものを愛人にささげ、貢いだのです。夫と不貞の妻、そして愛人の話として聞いているかぎり、聴衆は妻のしたことがどれだけひどいかということをすぐに理解し、妻を断罪することでしょう。そのうえで、ホセア書はこの妻がイスラエルの民であることを明確にし、イスラエルの民が主である神にしたことは、この女性が夫にしたことと同じであるという事実を突きつけるのです。

しかし、実際の状況を考えると、この偶像礼拝の問題もそう単純ではありません。ホセア書は、イスラエルの民が主である神を捨て、偶像礼拝に走った、重大で決定的な罪を犯したと判断したからこそ、厳しい言葉を連ねるのですが、イスラエルの民自身はそのようには考えていないと思われるからです。イスラエルの民は、もともと遊牧民でした。だから、牧畜を生業としていました。牧畜をするために必要なありとあらゆるものが、イスラエルの民の宗教祭儀には備わっていたはずです。イスラエルの信仰、宗教儀式、礼拝方法などは、牧畜を前提とした文化、社会生活の中で育まれたものなのです。ところが、イスラエルの民は長い荒れ野での旅を終えて、ついに約束の地カナンに入り、定住して、農耕文化を取り入れました。そうすると困ったことが生じました。彼らには、農業をするのに必要な儀式がなかったからです。例えば雨ごいの儀式です。牧畜には直接、雨は必要ありません。そのほかにも、例えばその年の収穫に適した時期を知るにはどうするのか、収穫を得たらどのように感謝すればよいのか。これらのことは、宗教儀式を通してなされていました。儀式の中で、人々は神に願い、収穫の日が民衆に告げられ、感謝のために収穫物をささげていたのです。イスラエルの民の宗教儀式には、農耕に関するものが欠けていました。

ところが、カナンの人々を見ると、彼らはそのための宗教儀式を持っているし、儀式を通して素晴らしい実りを得ている。イスラエルの民には、そのように見えたはずです。バアル神は雷の神です。天から大雨を降らせてくれる神です。ちなみに、パレスチナでは普通の雨ではだめなのです。一年の半分は乾季で、その間に土地は干からびてしまいますから、大雨が降ってくれないと土地は潤いません。カナンの祭儀では、バアル神を表す神官と大地を表す女性の奉仕者――多くの言語で「大地」は女性名詞――との結合の儀式が行われ、その豊かな実りが表現されていました。こうして雨がもたらされ、豊かな収穫を期待することができました。なんと魅力的な儀式だろうか、イスラエルの民はカナンの地に入ってそう感じたはずです。彼らには、主である神を捨てたという意識はなかったのかもしれません。農耕生活のためには必要なのに、自分たちの文化にないものがあって、それを取り入れようとしたのでしょう。しかし、それは生活のためなのであって、信仰の問題ではないと思っていたのかもしれません。ところが、神のまなざし、預言者のまなざしからするとそうは映りませんでした。彼らはわたしを捨てた、そして愛人のもとに走った。ホセア書は、そのように理解したのです。この2章を読み進めていくとわかると思いますが、農業に関わる用語が圧倒的に多いのです。ある意味の皮肉です。バアルになびいてしまうイスラエルの民になんとか気づかせようとしているのです。

また、2章4節以降の一つの特徴は、同じような表現が何度も繰り返されることです。典型的なのは、「それ故」という言葉です。8節、11節、16節と三回登場します。「それ故」、つまりこうだから、その結果として、結論としてこうなるという表現です。預言書には、しばしば登場する言い方です。あなたたちはこれほどひどい罪を犯した、あなたたちは神が全てのことを行ってくださったのに応えようとしなかった。だから、もはや神はともにいてくださらない。もはや恵みは注がれない。もはや神は応えてくださらない。もはやあなた方はこのまま生きていくことはできない……。自分たちの罪がもたらすひどい結果、あるいは罰についての記述を「それ故」の後に続けることによって、このひどい状況が自分の罪の結果であることに気づかせようとする手法です。8節、それから11節はまさにそうです。そして、16節で最後の「それ故」が記されます。その直前の記述で、イスラエルの民の罪は最大限に達します。そこには、いちばんひどい状況が記されています。「わたしはバアルの日の故に、彼女（＝イスラエルの民）に報いる。彼女はバアルに供え物を焼いて、煙を立ち上らせ、耳輪や飾りを身につけて、愛人たちについて行き……」（2・15）。そして、最後の言葉が極めつけです。「わたしを忘れていた――主の言葉」（同上）。

この「忘れる」という単語は、聖書でよく使われる表現で、思い出す、思い起こす、記憶する、ずっと忘れないなどという表現の反対の意味です。神は、わたしたちを忘れずに思い起こしてくださいます。常に心に留めてくださいます。だから、わたしたちには救いがあるのです。神がわたしたちにそうしてくださるように、わたしたちも神のことを思い起こし、常に心に留めるよう招かれています。こうして、神とわたしたちとの救いの関係（＝契約の関係）が実現するのです。しかし、「イスラエルの民は神を忘れた」とホセア書は宣言します。ちなみに、ミサも主イエス・キリストの「記念」です。「記念」とわたしたちが訳している言葉、ラテン語で「メモリア」という表現は、忘れずに常に思い出すということです。わたしたちが常に忘れないで思い出すために、ミサを毎回、毎回行うのです。わたしたちも神から「あなた方はわたしを忘れた」と言われないためです。

さて、これほどひどい状況が述べられ、「それ故」と続くのですから、読者はこれまで以上にひどい罰が、ひどい結果が述べられるだろうと予測します。ところが、そうはなりません。読者の予想を裏切って、突然、希望の未来が語られるのです。「それ故、見よ、私は彼女を誘い、荒れ野に導いてその心に語る」（2・16）。神がイスラエルの民の心に語ってくださるのです。そして、もはやこのイスラエルの民、そして主である神との関係は壊されることがない、と宣言されるのです。18節以降は、「その日には」という表現が三回繰り返されます（2・18、20、23）。

来るべき救いの日に、どれほどのことが実現されるのかが告げられるのです。全自然界を巻き込む救い。正義と公平、いつくしみとあわれみ、真実といった祝いの品を携えて行われる結婚の儀式に例えられる救い。今や、主である神は心に語り、イスラエルの民は神に応える。そして、これに神が応えていく。しかも直接応えるのではなく、全世界がこだまのように次々にその応えを伝えていき、ついにはイスラエルの民に達していく。このような美しい描写で2章は結ばれ、3章もそれに続いていきます。「それ故」と二回続けられ、イスラエルの民の罪の告発とその結果が繰り返された後、最後の三回目に大どんでん返しが待っているのです。つまり、イスラエルの罪のひどさ、そしてそのひどい結果、イスラエルの罪のひどさ、そしてひどい結果、そして最後にもう一回イスラエルの罪のひどさ、「それ故」……。ところが、この「それ故」に続けて、罪の結果が語られないだけでなく、今まで言ったことはどうなってしまったのだろうと思わせるほどの、素晴らしい日の訪れが告げられるのです。ここでもまた、なぜそうなるのか、どうしてそういう変化が起きるのか、という問いに対する答えは述べられないままです。

ホセア書が描く神のあわれみ

さて、ホセア書で唯一、この問いに対する答えらしきものが述べられているのが11章です。11章は、1章から3章までの夫婦の関係を神とイスラエルの民に当てはめていくという比喩から離れて、今度は親と子供のイメージが当てはめられています。親が父親なのか母親なのかは定かでないのですが、いずれにせよ親が子供を育てるためにありとあらゆる愛情を注ぎ、必要なものを与え、育んでいく、というイメージです。しかし、ここでも構図は同じです。イスラエルの民はそれにもかかわらず、主である神に応えようとしないのです。ここでは、偶像礼拝の罪よりも、エジプト、アッシリアといった大国になびいていく、彼らを頼りにしていくという問題点が挙げられていますが、主である神を離れてそれ以外のものに向かうという点では同じです。結果として、6節では「彼らが謀《はかりごと》を企てたので、かえって剣がもろもろの町に荒れ狂い、その門の閂《かんぬき》を砕き、彼らを食い尽くすであろう」（11・6）と記されています。

ちなみに、これに続く11章7節は、先ほど言った「腐った本文」と言われるものの一つです。残念ながら、伝えられたヘブライ語のままでは、この節が何を言いたいのかよくわかりません。このため、翻訳によって、訳文がずいぶんと違います。例えば、フランシスコ会聖書研究所訳注聖書は、「わたしの民はわたしを見捨てたために弱った。彼らはバアルを呼び求めるが、バアルは彼らを助け起こせない」と訳しています。つまり、エジプトなどの大国を頼りにするというそれまでのイスラエルの姿勢と、バアルを呼び求める姿勢を同一のものと見なして言うのです。バアルは偶像にすぎないので、バアルを呼び求めたところで、答えてはくれない、と。一方で、新共同訳聖書はまったく違った訳をします。「わが民はかたくなにわたしに背いている。たとえ彼らが天に向かって叫んでも助け起こされることは決してない」。つまり、イスラエルの民が神に背き、神との関係が破壊されてしまっているので、どんなに呼び求めたところで神は答えてくださらないという理解をしているのです（新共同訳では「バアル」は登場しません）。いずれにしても、イスラエルが神に背いたことは確かであり、読者はこの罪に対して罰が下されることを予測するでしょう。このような状況で、8節が続きます。この8節は、いわゆる反語的な表現（「どうして〜できようか」）を四回にわたって繰り返しながら、神が内面の葛藤を告白する、非常に凝縮された節です。

「エフライムよ、どうしてお前を見放すことができようか。イスラエルよ、どうしてお前を渡すことができようか。どうしてお前をアドマのように見放すことができようか。どうしてお前をツェボイムのようにすることができようか」（11・8）。反語的表現ですから、「いや、決してできない」と言いたいのです。これが教皇フランシスコによって大勅書に引用されている部分です。アドマとツェボイムは、ソドムとゴモラと並び称される不義の町、不正な町です。だから滅ぼされました。しかし、イスラエルに対しては、これらの町と同じようにすることはできない。本来はしなければいけない。罰を下さなければいけないのです。それだけの罪を犯したのですから。しかし、そうはできないのです。だから、神はそのはざまで苦しんでいるのです。

8節の終わりの文章も、翻訳が難しい箇所です。フランシスコ会聖書研究所訳注聖書は、「わたしの心は思い乱れ、わたしはますます憐れを催す」と訳します。新共同訳聖書は、「わたしは激しく心を動かされ憐れみに胸を焼かれる」と訳しています。ちなみに、この前半のほうの言葉ですが、「心は思い乱れ」とか、

「激しく心を動かされ」と訳されているヘブライ語の動詞は、「覆す」、「破壊する」、「ひっくり返す」という意味の単語です。そしてこれは、申命記29章22節では、ソドム、ゴモラ、アドマ、ツェボイムに対してなされた行為、罰の行為として使われている動詞です。主は、その怒りと憤りをもって、ソドム、ゴモラ、アドマ、ツェボイムを「覆され」、「破壊された」のです。同じように、エフライム、イスラエルの罪を前にして、彼らを滅ぼさなければいけない、覆さなければいけません。ところが、主にはそれができないのです。だから、このイスラエルに向かうはずの「覆す」という行為を、主はご自分に、ご自分の内面に向けるのです。こうして、主はご自分の心をひっくり返す。そうしないではいられない、と言っているのです。本来は、イスラエルを罰さなければいけないのに、そうすることができないがあまり、主である神の心が、内側がぐちゃぐちゃになってしまう。それでもイスラエルを滅ぼすことに比べれば、主はご自分の心が覆されることも受け入れる。主である神のイスラエルに対するあわれみとは、それほどのものだということなのです。

この後、９節で最終的な答えが告げられます。「わたしは神であって人ではないから」(11・9)。つまり、神の考え、思いは、わたしたちの思いとは異なるということです。言い方を変えると、神の正しさは、人の正しさと同じではないということです。わたしたちの間では、罪を犯せば罰で報いるしかない、それが正しさです。ですが、神はそうしなければならないことがわかっていながら、それがおできにならない。だから、破壊しない、むしろかえって素晴らしい恵みを与えないではいられない、これが神の正しさだということです。

もっと言えば、教皇フランシスコは大勅書の中で、神のいつくしみと正義とを対比させて、神のいつくしみは、しばしば正義すらも超えていく、という言い方をしています。ですが、この場合の「正義」とは、人間の側が考える神の正義のことです。しかし、ホセア書が言おうとしているのは、おそらく神のいつくしみこそが神の正義なのだということなのです。神は、イスラエルの罪を前にして、わたしたちの罪を前にして、どうしてもわたしたちを滅ぼすことがおできにならない。だから、それこそ自分の心がぐちゃぐちゃにされるまでにわたしたちを愛し、わたしたちとともにい続けてくださる。9節後半の言葉はそのことを示しています。「わたしはお前とともにいる聖なる者」。神は、ともにおられる方であると同時に、聖なる方であるということが強調されています。聖なる方というと、とてつもなくわたしたちから離れている、高みにある方という意味です。しかし、その方がわたしたちとともにいてくださる、限りなくわたしたちの近くにいてくださるというのです。聖なる方だからわたしたちを罰しなければいけないはずなのですが、同時にともにいることをやめることはできない方なのです。いや、ともにいる方としてしか、その聖性を輝かすことのできない方なのです。これこそ、いつくしみという名の神の正義なのです。しかし、それは神の内面の葛藤から生まれ出る、激しいいつくしみです。わたしたちがともすると感じるような優しさに包まれたいつくしみとは違う、荒々しい強烈な、だからこそ揺るぎないいつくしみなのです。

それこそが、ホセア書の語る神のいつくしみです。そしてそれこそが、わたしたちが最終的に自分の回心、悔い改めを経ずとも、必ず最後は赦され、そして救われるであろう、ということを信じ、希望することができる唯一の源として、ホセア書がわたしたちに示すものなのです。

ヨブ記

マリスト会司祭　一場　修

はじめに

それではヨブ記から、「神の正義と慈しみ」をテーマにお話ししていきたいと思います。

まず、「不確実な正義から確実な慈しみへ」ということを、ロゴス（理《ことわり》）からソフィア（知恵）ということについてお話しします。特に今回の「正義と慈しみ」というテーマに焦点を合わせてヨブ記を見ていった場合、どのような観点から、何をわたしたちに伝えようとしているのかを、初めにはっきりさせておきましょう。ヨブ記のメッセージの一つを簡潔にまとめている聖書の箇所があります。それが知恵の書の11章23節から26節です。

全能のゆえに、あなたはすべての人を憐れみ、回心させようとして、人々の罪を見過ごされる。あなたは存在するものすべてを愛し、お造りになったものを何一つ嫌われない。憎んでおられるのなら、造られなかったはずだ。あなたがお望みにならないのに存続し、あなたが呼び出さないのに存在するものが、果たしてあるだろうか。命を愛される主よ。すべてはあなたのもの、あなたはすべてをいとおしまれる。

この短い4節のあいだに、ヨブ記が言わんとしていることが見事に表現されていると思います。ヨブ記は知恵文学に分類されています。この知恵の書も同じ知恵文学ですが、ヨブ記は一つの知恵を語っています。知恵というのは神から出るものです。先ほど読んだ知恵の書の箇所を見ると、まさに神の知恵が見事に述べられています。「神はすべての人を憐れんで罪を見過ごされる。すべての命をいとおしまれる。すべての造られたものをいとおしまれる」ということです。その神の知恵、それは慈しみと言いかえてもいいのですが、それを語ろうとしているのがヨブ記です。知恵はギリシャ語でソフィアと言いますが、それと対となるロゴスという言葉があります。ロゴスというのはことの理《ことわり》を表します。このロゴスよりもソフィアのほうを強調しているということを見ていきたいと思います。

ロゴスを簡単にわかりやすく、具体的に説明しましょう。創造のときに神は言葉を発します。「光あれ」とか、何かがあれと言葉を発して、創造がどんどんなされていきます。つまり、被造物は神の言葉によって造られます。それで秩序ある創造が成り立っていくわけです。言葉によって秩序が生まれます。言葉によって自然界の整った創造がなされていきます。自然という一つのきれいな法則に沿ったものが成り立っていきます。そういう法をもたらすものとしてのロゴス、理《ことわり》なのです。物事の筋道とか、あるべき姿とも言えるでしょう。例えば十戒、あれも言葉です。ロゴスです。殺すな、父母を敬え、あるいは隣人を自分のように愛しなさい、力を尽くし、思いを尽くし、心を尽くして神を愛しなさいというのも全部言葉です。言葉が与えられることで、イスラエルの神の民、共同体の秩序ができあがっていきます。言葉によって、共同体がしっかりとした集まりになっていきます。一つの法律を与えることで、社会なり共同体が形成されていきます。それを形成するのがロゴスです。

ただその一方で、ロゴスだけですべてがうまくいくわけではありません。共同体に法を与えてこれを守りなさいと言うだけで、人間社会は動いていくものではありません。必ずその法、秩序から外れていきます。秩序はいつも不安定です。そして法は破られていきます。そのとき、共同体のあるべき姿、進むべき姿が示されると同時に、あるべき姿、進むべき姿からそれたとき、あるいはその秩序が破れたとき、共同体の現実を受けとめる力がソフィアだということです。つまり、理想を求め、あるべきものを求めるのがロゴスです。現実を受けとめて、法を破ってしまえば、旧約聖書の世界では死を意味します。法を破ったとしても、なお命を救おうとする力が、命を慈しもうとする力がソフィアだと思っていただいたらいいでしょう。それを知恵の書11章が語っています。

あなたがお望みにならないのに存続し、あなたが呼び出さないのに存在するものが果たしてあるだろうか。命を愛される主よ、すべてはあなたのもの、あなたはすべてをいとおしまれる。

そのものがどんなに神の道筋から外れたとしても、それをいとおしまれ、あるいは罪を犯した人をも見過ごして、そしてじっと待つ。じっとそれを受けとめる。ロゴスが言葉であるのに対して、ソフィアは沈黙かもしれません。沈黙だと言い切ってもいいと思います。そのままを黙って受け止めていく。人々の罪を見過ごされるというのは、黙って受けとめていく沈黙のことです。このロゴスからソフィアへ向かうというのは、正義から、より慈しみへと重点が移っていくということです。わたしたちは知恵の書からこうしたことを学ぶことができ、ヨブ記のメッセージもここにあるのだということを明らかにしたうえで、ヨブ記を具体的に見ていきましょう。

確実な応報から不確実な賭けへ

まず、「確実な応報から不確実な賭けへ」というところに入っていきます。ヨブ記というのは、正しいヨブが苦しむ物語だと言われます。正しいヨブがなんで苦しむのかというと、その裏側に因果応報という考え方があります。良いことをすれば良い報いがあり、悪いことをすれば悪い報いがあるというものです。つまり正しいヨブが苦しむのですから、理不尽な苦しみを受けるということです。正しいヨブは、正しい報いを受けなければならないという応報思想の下では、正しいヨブが苦しんだら、それは理不尽になってしまうわけです。そのことが大きな問題です。正しいヨブは最初幸せだったのに、あるとき苦しみが押し寄せます。応報という一つの物事の動き方が狂ってしまいます。どこに原因があるのかというと、それは神とサタンの賭けから始まります。ヨブ記の1章6節から12節を見ていただきたいと思います。

ある日、主の前に神の使いたちが集まり、サタンも来た。主はサタンに言われた。「お前はどこから来た。」「地上を巡回しておりました。ほうぼうを歩き回っていました」とサタンは答えた。主はサタンに言われた。「お前はわたしの僕《しもべ》ヨブに気づいたか。地上に彼ほどの者はいまい。無垢《むく》な正しい人で、神を畏れ、悪を避けて生きている。」サタンは答えた。「ヨブが利益もないのに神を敬うでしょうか。あなたは彼とその一族、全財産を守っておられるではありませんか。彼の手の業をすべて祝福なさいます。お陰で、彼の家畜はその地に溢《あふ》れるほどです。ひとつこの辺で、御手を伸ばして彼の財産に触れてごらんなさい。面と向かってあなたを呪うに違いありません。」主はサタンに言われた。「それでは、彼のものを一切、お前のいいようにしてみるがよい。ただし彼には、手を出すな。」

ここで大切なのは、ヨブが正しい者であり、神を畏れ、悪を避けて生きていることが前提となっていることです。だから神はヨブにたくさんの祝福を与えました。家畜は溢れんばかり、財産は豊かに与えられています。その点をついて悪魔が、ヨブが正しいのは、あなたが祝福を与えているからだと言うのです。あなたの祝福がなくなったらヨブは正しいことをしなくなるよ、正しい者じゃなくなるよ、悪を避ける者ではなくなるよ、と言うのです。ここで面白いのは、応報という一つの物事の考え方が完全に壊されていくということです。つまりこれはどういうことかというと、今までヨブは正しい生き方をしていて、それに対して神は彼に対する報いとして豊かな祝福を与えていました。その祝福が止まるわけです。神するとヨブはどうなるのか。サタンはそれを神と賭けをしようと言うのです。神はその賭けにのります。応報というのは確実な世界ですが、賭けというのは不確実な世界です。応報という確実な世界から、賭けという、どうなるかわからない不確実な世界に変わってしまいます。それでもヨブは、歩んでいかなければなりません。最初、財産を奪われたとき、ヨブはそれをクリアしました。その賭けをクリアして、それでも正しい者であり続けました。

次の2章7節から8節は、また神とサタンとの賭けの話です。サタンはヨブの持っている物ではなくて、ヨブの体、ヨブの存在そのもの、ヨブ自身に触れていきます。サタンは、また賭けを挑むのです。そうしたらヨブは正しい者でいられなくなるのではないか。それでも神に従うか、神に従う者ではなくなるか。神を畏れる者でいられるかどうかを試してみましょう、ということになったわけです。

サタンは主の前から出て行った。サタンはヨブに手を下し、頭のてっぺんから足の裏まで、ひどい皮膚病にかからせた。ヨブは灰の中に座り、素焼きのかけらで体中をかきむしった。

ヨブをひどい皮膚病にかからせました。重い皮膚病というのは、汚れたもの、まさに神の祝福から絶たれた者ということを表しています。そして、財産を奪って、今度はヨブがどうなるかという賭けに出ます。ヨブがどう動くか神もわからない、サタンもわからない。まったくの不確実な世界です。これだけ一生懸命やっているのに、これだけ頑張ってきたのに、これだけお祈りしたのに、これだけ神の掟を守っているのに、なんでこうなるのだろうという世界です。まさに今、わたしたちが生きている世界と同じです。しかし、わたしたちの世界は、神とサタンが賭けをしているからこうなっているのではありません。これは一つの舞台設定です。

不確実な世界を表すために、賭けというのはいちばんいい例えです。賭けというのは必ず不確実です。もし賭けの結果がわかっていたら、賭けではなくなります。結果がわかっていたら、いわゆるイカサマです。それこそ不正です。結果がわからないから、どうなるかわからないから、意味があるのです。そういう意味で、賭けの世界に入っていくことは、逆に応報の世界ではなくなっていくのだと思ってください。ヨブ記の世界が伝えようとしているのは、この応報を壊すことです。ヨブ記の一つの目的は、いいことをしたら必ずいい報いがある、悪いことをしたら必ず悪い報いがあるというそういう確実な世界を壊して、どうなるかわからないという不確実な世界にわたしたちを招き入れるということです。そこから本当に新しいものが出てきます。

沈黙の慈しみと言葉、応報の暴力

それでは、次の「沈黙の慈しみと言葉、応報の暴力」という部分に入っていきます。ヨブ記の2章11節から13節を見てください。ヨブがこうして重くひどい皮膚病にかかって、大変な状況になったときに、三人の友人たちが見舞いに来る場面です。

さて、ヨブと親しいテマン人エリファズ、シュア人ビルダド、ナアマ人ツォファルの三人は、ヨブにふりかかった災難の一部始終を聞くと、見舞い慰めようと相談して、それぞれの国からやって来た。遠くからヨブを見ると、それと見分けられないほどの姿になっていたので、嘆きの声をあげ、衣を裂き、天に向かって塵《ちり》を振りまき、頭にかぶった。彼らは七日七晩、ヨブと共に地面に座っていたが、その激しい苦痛を見ると、話しかけることもできなかった。

三人が、病人訪問に来るわけです。今で言うと、「あの人入院したみたいだから、あの人大変みたいだから、お見舞いに行こうか」という感じです。最初、その姿と激しい苦痛を見たら、話しかけることもできませんでした。なんと七日七晩、黙っていたのです。ところが人間というのは、沈黙するということに耐えられません。普通、人間はずっと黙っているのは苦痛です。何か言わなきゃいけない、何かしなきゃいけない、このままこの人をほっといたらいけない、何か言葉をかけなきゃいけない、何かこの人のためにしなきゃいけないと思うのです。
3章でヨブは嘆いています。自分はこれだけ正しく生きてきたのに、身に覚えのない苦しみ、とんでもない報いを受けている。ヨブにしてみたら、本当に理不尽だ、話が違うと思うのです。応報なんてものが全然成り立たないじゃないかと、苦しむしかないのです。嘆くしかないのです。苦しみ叫ぶしかないのです。それに対して友人たちの言葉と行動ですが、一人の人だけを取り上げます、最初の友人、テマン人エリファズは話し始めます。黙っていればよかったのですけど、話し始めたのです。ここから間違いが始まります。4章を見てください。

あえてひとこと言ってみよう、あなたを疲れさせるだろうが、誰がものを言わずにいられようか。あなたは多くの人を諭し、力を失った手を強めてきた。あなたの言葉は倒れる人を起こし、くずおれる膝に力を与えたものだった。だが、そのあなたの上に、何事かふりかかると、あなたは弱ってしまう。それがあなたの身に及ぶと、おびえる。神を畏れる生き方が、あなたの頼みではなかったのか。完全な道を歩むことが、あなたの希望ではなかったのか。考えてみなさい。罪のない人が滅ぼされ、正しい人が絶たれたことがあるかどうか。わたしの見てきたところでは、災いを耕し、労苦を蒔く者が、災いと労苦を収穫することになっている。彼らは神の息によって滅び、怒りの息吹によって消えうせる。獅子がほえ、うなっても、その子らの牙は折られてしまう。雄が獲物がなくて滅びれば、雌の子らはちりぢりにされる。忍び寄る言葉があり、わたしの耳はそれをかすかに聞いた。夜の幻が人を惑わし、深い眠りが人を包むころ、恐れとおののきが臨み、わたしの骨はことごとく震えた。風が顔をかすめてゆき、身の毛がよだった。何ものか、立ち止まったが、その姿は見分けることができなかった。ただ、目の前にひとつの形があり、沈黙があり、声が聞こえた。「人が神より正しくありえようか。造り主より清くありえようか。神はその僕たちをも信頼せず、御使いたちをさえ賞賛されない。まして人は塵の中に基《もとい》を置く土の家に住む者。しみに食い荒らされるように、崩れ去る。日の出から日の入りまでに打ち砕かれ、心に留める者もないままに、永久に滅び去る。天幕の綱は引き抜かれ、施すべも知らず、死んでゆく。」

要するに、神の前に誰も正しくないということを言います。8節に「わたしの見てきたところでは、災いを耕し、労苦を蒔《ま》く者が、災いと労苦を収穫することになっている」と書かれています。つまり悪いことをすれば悪い結果が出る、いいことをしたらいい報いがあると言います。ヨブに、「あなたはいいことをしてきたと思っているかもしれないけれども、実はやっぱりこういう悪い結果が出ているというのは、あなたに問題がある。あなたが何か間違っていたからこういう結果が出た。だから、納得しなさい」と、当然の結果だと言うわけです。苦しみというのは、なぜ苦しみかというと、身体的な苦痛というのもありますが、なぜこの苦しみがあるのかわからないということです。今、この友人たちは苦しみの意味づけをします。そこからもう一度、神に立ち返りなさいという言い方になっていきます。苦しみは当然の結果、応報ということです。だから、応報というのはいいときはいいのです。良いことをしてそれが報われたときは、「良い結果が出て、応報って素晴らしいな。やっぱり努力は無駄にならないのだな。

まじめに生きていれば報われるんだな」ということで喜びをもたらします。そして、悪いことをして悪い結果が出ると、それは確かに教訓になります。やっぱり悪いことをしたらいけないいな、ということになるのです。

しかし、大変な悲劇が生まれるのが、良いことをしているのに悪い結果が出たときです。悪いことをしているのに、全然悪い結果が出ないときは、今度はまた別の意味の悲劇になってしまいます。しかしこの友人たちは、「そんなことはありえない。あなたがこれだけ苦しんでいるのは、それなりの原因があなたにあるのだ」と言います。病気で苦しんでいる人のところに行って説教するのと同じで、あなたは不摂生したからこういう病気になったのだとか、あなたは家族のことを大事にしなかったから罰が当たったのだとか言ってしまう。そういうことと同じです。罰が当たるという発想です。わたしたちの普通の発想でいけば、ヨブはこんな苦痛を受けるほどの、どんな悪いことをしたのか、ということです。

けれども、ヨブの本当の苦しみはわからないのです。16章2節からヨブは答えます。

そんなことを聞くのはもうたくさんだ。あなたたちは皆、慰める振りをして苦しめる。「無駄口はやめよ」とか、「何をいらだってそんな答えをするのか」と言う。わたしがあなたたちの立場にあったなら、そのようなことを言っただろうか。あなたたちに対して多くの言葉を連ね、あなたたちに向かって頭を振り、口先で励まし、唇を動かすことをやめなかっただろうか。

ヨブにとって友人たちの言葉は、慰めでもなんでもありませんでした。ただ単に慰めるふりをして、苦しめるものだったのです。21章1節から6節もヨブの反応が出ています。

ヨブは答えた。どうかわたしの言葉を聞いてくれ。聞いてもらうことがわたしの慰めなのだ。我慢して、わたしに話をさせてくれ。わたしが話してから、嘲笑うがいい。わたしは人間に向かって訴えているのだろうか。なぜ、我慢しなければならないのか。わたしに顔を向けてくれ。そして驚き、口に手を当てるがよい。わたし自身、これを思うと慄然《りつぜん》とし、身震いが止まらない。

だから、とにかく聞いてくれというわけです。ヨブはいろいろな叫びを上げている。神への祈りもささげている。それを受け止めてくれ、聞いてくれと言っているのです。でも友人たちはそれを抑え込むように、言葉でヨブの思いを抑えようとしています。納得させようとしています。それがヨブにとって救いだと思っています。応報だったら「悪い結果が出た、あなたは悪い者だ。それから救われるためには回心しなくてはいけない」ということになります。しかしヨブにしてみたら、そんな簡単なことではないのです。応報という確実な世界がもう壊れていて、神とサタンの賭けの中で不確実な世界の中に入っているので、もう応報の話を聞いてもなんの足しにもなりません。その意味で、ここでこの沈黙の慈しみと、言葉（この言葉は応報の言葉です）は暴力であるという捉え方をしようと思います。沈黙が慈しみです。言葉は、応報は、暴力です。ヨブと三人の友人たちの議論から明らかになるのは、そういうことだと思います。だから、ヨブ記の中で議論の部分がいちばん長いのです。これを読んで、友人たちが言うのがもっともだ、ヨブはおかしいと思ったら、かなり応報思想に毒されています。

自己の苦しみから他者の苦しみへ

ヨブと友人たちが議論していくなかで、神はひたすら沈黙しているということを、心に留めておいてください。神が全然登場しません。神は沈黙し、ひたすら黙っています。それを踏まえて、今度は、自己の苦しみから他者の苦しみへ、というところを見たいと思います。ヨブ記の23章です。

ヨブは答えた。今日もわたしは苦しみ嘆き、呻きのためにわたしの手は重い。どうしたら、その方を見いだせるのか。おられるところに行けるのか。その方にわたしの訴えを差し出し、思う存分わたしの言い分を述べたいのに。答えてくださらないなら、それを悟り、話しかけてくださるなら、理解しよう。その方は強い力を振るって、わたしと争われるだろうか。いや、わたしを顧みてくださるだろう。そうすれば、わたしは神の前に正しい者とされ、わたしの訴えはとこしえに解決するだろう。だが、東に行ってもその方はおられず、西に行っても見定められない。北にひそんでおられて、とらえることはできず、南に身を覆っておられて、見いだせない。

このように続いていきます。要するにヨブは、自分は非常に苦しいと神に祈ります。自分の訴えを神は聞いてくれない、神がどこにいるかわからないという大きな自分の苦しみを、そのまま吐露しているわけです。続いて24章を見てみましょう。

なぜ、全能者のもとには、さまざまな時が蓄えられていないのか。なぜ神を愛する者が、神の日を見ることができないのか。人は地境を移し、家畜の群れを奪って自分のものとし、みなしごのろばを連れ去り、やもめの牛を質草に取る。乏しい人々は道から押しのけられ、この地の貧しい人々は身を隠す。彼らは野ろばのように、荒れ野に出て労し、食べ物を求め、荒れ地で子に食べさせるパンを捜す。自分のものでない畑で刈り入れをさせられ、悪人のぶどう畑で残った房を集める。着る物もなく裸で夜を過ごし、寒さを防ぐための覆いもない。山で激しい雨にぬれても、身を避ける所もなく、岩にすがる。父のない子は母の胸から引き離され、貧しい人の乳飲み子は人質にとられる。彼らは身にまとう物もなく、裸で歩き、麦束を運びながらも自分は飢え、並び立つオリーブの間で油を搾り、搾り場でぶどうを踏みながらも渇く。町では、死にゆく人々が呻き、刺し貫かれた人々があえいでいるが、神はその惨状を心に留めてくださらない。光に背く人々がいる。彼らは光の道を認めず、光の射すところにとどまろうとしない。人殺しは夜明け前に起き、貧しい者、乏しい者を殺し、夜になれば盗みを働く。姦淫するものの目は、夕暮れを待ち、だれにも見られないように、と言って顔を覆う。暗黒に紛れて家々に忍び入り、日中は閉じこもって光を避ける。このような者には朝が死の闇だ。朝を破滅の死の闇と認めているのだ。「大水に遭えば彼はたちまち消え去る。この地で彼の嗣業《しぎょう》は呪われ、そのぶどう畑に向かう者もいなくなる。暑さと乾燥が雪解け水をも消し去るように、陰府《よみ》は罪人を消し去るだろう。母の胎も彼を忘れ、蛆《うじ》が彼を好んで食い、彼を思い出す者もなくなる。不正な行いは木のように折れ砕ける。彼は不妊の女を不幸に落とし、やもめに幸福を与えることはなかった。権力者が力を振るい、成功したとしても、その人生は確かではない。安穏に生かされているようでも、その歩む道に目を注いでおられる方がある。だから、しばらくは栄えるが、消え去る。すべて衰えてゆくものと共に倒され、麦の穂のように刈り取られるのだ。」だが、そうなっていないのだから、誰が、わたしをうそつきと呼び、わたしの言葉をむなしいものと断じることができようか。

何も悪いことをしていないのに、苦しめられている人のことを言っています。特に典型的な言葉として、3節に「みなしごとやもめ」という言葉が出てきます。「みなしごとやもめ」というのは、悪いことをしたくても悪いことをする力もない人たちです。ひたすら苦しめられている人たちです。そういう貧しい人たちの苦しみを言っています。自分の土地を持たず、人の土地を耕すことを強制されて、その収穫は得られない。残ったものを拾い集める。落穂拾いという考え方が聖書の中にありますが、収穫の残り物だけを拾って、どうにか自分の生活をしていく。そういう本当に弱い立場に置かれているいい人が苦しめられている、ということが24章の前半に書かれています。

それに対して後半は、悪人のことを言っています。自分が力を持って、力を振るって、さまざまな不正を行って、利益を得ている、そういうみなしごややもめを苦しめている人たちのことを言っています。その人たちは、最後には裁かれる、悪人たちは神によって悪い報いを受けることになると言いながらも、25節では、そうなってはいないと言っています。だから、本当に弱い立場に置かれて守られるべき人が守られずに、弱い立場に置かれている人がどんどん苦しめられていて、その一方で苦しむ立場にある悪い者たちはそのままいるじゃないか。応報が成り立っていない。しっかりと報われるべき人が、報われるべき報われ方がなされていないということになるわけです。

ここでヨブが自分の苦しみを、応報が成り立たない苦しみを、理不尽な苦しみを、もう一度見つめていきます。苦しみを経験したからこそ、24章で初めて同じように苦しめられている人々のことが、自分の世界の中に、視野の中に入ってくるわけです。このヨブの苦しみの意味は、他人の苦しみがわかるようになることでした。それも、体験を通してわかるようになることです。自分もなんの悪いこともしていないのに、こうしてひどい皮膚病で苦しんでいる。財産も奪われた。

そして、この世界のたくさんの人は、弱い立場に置かれているのに、こうして苦しめられている。そしてその人たちを苦しめている人たちは、安穏に暮らしている。問題なく暮らしている。なんなのだ、これは、と。まさにその人々の苦しみを理解するヨブの姿がここにあるわけです。自己の苦しみから他者の苦しみへと、視点を移していくヨブの姿が描かれています。

ヨブは正しい人だったから、不正はしませんでした。不正はしないというのがヨブの人物像です。不正をせず、正しい人で、神を畏れる人だということは、やもめやみなしごを見たら、ちゃんとその人たちを保護する人でした。保護してきたという主張があるのです。ヨブの言葉の中に、不正などしたことはない、奴隷の権利を奪ったことがないという言葉もあります。ほら、わたしは正しいことをやってきた、なのになぜこうなっているのだと。そのヨブが以前の幸せな日々、裕福な生活の中にある時に、苦しむ人と関わり、その人たちのために施しをし、お世話をしていたということと、自分が苦しく、その人たちと同じ立場に立った時に、その人たちと苦しみを共にするということとは、同じ関わりでも全然意味が違うと思うのです。前は苦しんでいる人に、いろいろなことをしてあげることができました。でも今度はしてあげることができません。しかし、その人たちの苦しみを、自分に起こったものとして受け止めることができる、そういうヨブに変わっていきます。そして、友人たちとの議論ですが、もう一人若い人が加わり、その議論が終わったあと、いよいよ神が登場します。

主なる神の言葉

38章からは、主である神の言葉から始まります。人間の聖書の見方は、間違えますし、不確実です。ここで神が言っていることは、要は創造の業のことです。創造の業、創造の場面を思い起こさせます。原点としての創造と、沈黙ということを思い出していただきたいと思います。創世記の1章31節から2章3節を見ます。こう書いてあります。

神はお造りになったすべてのものを御覧になった。見よ、それは極めて良かった。夕べがあり、朝があった。第六の日である。天地万物は完成された。

第七の日に、神は御自分の仕事を完成され、第七の日に、神は御自分の仕事を離れ、安息なさった。この日に神はすべての創造の仕事を離れ、安息なさったので、第七の日を神は祝福し、聖別された。

創世記1章に創造物語があって、神が六日のあいだに創造の業を行われます。光あれから始まって、光があった。水のなかに大空あれ、水と水を分けよと言ったらそうなったと書かれています。神が言葉であるロゴスを発すると、そのまま創造の業ができていきます。六日目に人間も造った。神のような姿をした人間も造った。そして最後に、神はお造りになったすべてのものをご覧になると、それが極めて良かったと言うのです。造ったものが極めて良かったと。神が極めて良かったものとしてお造りになり、本当にそうだったと言い切られるのです。それが創造の業です。そして七日目に仕事を離れて安息された。安息されたときには、仕事をしていません。当然神の言葉はありません。この六日間に創造したものを、こうひたすらじっくりと見て、自分が造った極めて良いものを見て、最初の知恵の書にあったように、本当にすべてのものをいとおしんで見ている神の姿がそこにあります。その創造したものをすべて受け止めていく神の姿があります。六日間というのは、ロゴスの働きがあり、七日目におそらくソフィアの働きがあった。すべての創造を受け止めていった。だからわたしたちは七日目、主の日に集まって、いただいていいる恵みを味わい、深く恵みを受け止めるのです。

神が、創造の業をこういうかたちで行われ、すべて良かった。極めて良かった。それを神はすべて受け止めた。その創造物を、すべて大切な存在として受け止めたということです。一つの観想のときです。まさに沈黙を保つときを過ごしたということです。そのような創造を、神はヨブに思い起こさせるのです。

ヨブ記の40章では、神の創造の業そのものをヨブに伝え、ヨブに対して神は、まず言います。

全能者と言い争う者よ、引き下がるのか。神を責めたてる者よ、答えるがよい。（40章2節）

と。創造の大きな業を示したあとに言うわけですね。それに対してヨブは神に答えて言います。

わたしは軽々しくものを申しました。どうしてあなたに反論などできましょう。わたしはこの口に手を置きます。ひと言語りましたが、もう主張いたしません。ふた言申しましたが、もう繰り返しません。（40章4、5節）

今までヨブの言葉をつなげてきましたが、話が創造の業の世界にいってしまい、自分は創造の業にあずかれない、人間は創造ができないというわけです。人間と神との違いは簡単なことです。神は創造する方ですが、人間は絶対創造することはできません。制作はできますけど、創造はできません。素材があって芸術作品などを作ったりすることはできますが、神が言う創造はできません。特に、何かに命を与えることはできません。ヨブはそれを見て、神に対する畏れを回復して黙ります。まさにその創造の業の前に、造られたすべての命の前で沈黙するのです。

主は嵐の中からヨブに答えて仰せになった。男らしく、腰に帯をせよ。お前に尋ねる。わたしに答えてみよ。お前はわたしが定めたことを否定し、自分を無罪とするために、わたしを有罪とさえするのか。お前は神に劣らぬ腕をもち、神のような声をもって雷鳴をとどろかせるのか。（40章6—9節）

神は、創造の業をわたしと同じようにできるのかと言っているのです。自然界のこういういろんな現象のことで、あなたに何かできるのか、自然の法則を自分が造り出すことができるのか、と言っているのです。

威厳と誇りで身を飾り、栄えと輝きで身を装うがよい。怒って猛威を振るい、すべて驕《おご》り高ぶる者を見れば、これを低くし、すべて驕り高ぶる者を見れば、これを挫《くじ》き、神に逆らう者を打ち倒し、ひとり残らず塵に葬り去り、顔を包んで墓穴に置くがよい。（40章10—13節）

自分の力でこの世界の秩序回復ができるなら、やってみなさいと神は言います。「そのとき初めて、わたしはお前をたたえよう」と続きます。そして「お前が自分の右の手で、勝利を得たことになるのだから」と。でもできない。そして、次の話が面白いのです。

見よ、ベヘモットを。お前を造ったわたしはこの獣をも造った。これは牛のように草を食べる。見よ、腰の力と腹筋の勢いを。尾は杉の枝のようにたわみ、腿の筋は固く絡み合っている。骨は青銅の管、骨組みは鋼鉄の棒を組み合わせたようだ。これこそ神の傑作、造り主をおいて剣をそれに突きつける者はない。山々は彼に食べ物を与える。野のすべての獣は彼に戯れる。彼がそてつの木の下や、浅瀬の葦《あし》の茂みに伏せると、そてつの影は彼を覆い、川辺の柳は彼を包む。川が押し流そうとしても、彼は動じない。ヨルダンが口に流れ込んでも、ひるまない。まともに捕《とら》えたり、罠《わな》にかけてその鼻を貫きうるものがあろうか。お前はレビヤタンを鉤《かぎ》にかけて引き上げ、その舌を縄で捕えて、屈服させることができるか。お前はその鼻に綱をつけ、顎《あご》を貫いてくつわをかけることができるか。彼がお前に繰り返し憐れみを乞い、丁重に話したりするだろうか。彼がお前と契約を結び、永久にお前の僕となったりするだろうか。お前は彼を小鳥のようにもてあそび、娘たちのためにつないでおくことができるか。お前の仲間は彼を取り引きにかけ、商人たちに切り売りすることができるか。お前はもりで彼の皮を、やすで頭を傷だらけにすることができるか。彼の上に手を置いてみよ。戦うなどとは二度と言わぬがよい。（40章15―32節）

このベヘモットとか、レビヤタンというのは、カバとワニのようなものだと言われています。神がわざとこの獣を創り出すのです。人間から見れば、嫌いなものでしょう。害虫や動物でも気持ち悪く、なんでこんな生き物がいるんだと思うものがときどきいます。ワニなんかは、ちょっと怖いです。今の日本で言ったら熊でしょうか。熊が出没すると、大変なことになります。神は、人間にとって、なんでこれが存在するのだろう、こんなものは存在しなくてもいいのにというものをわざと出してくるのです。そして、これはわたしが造ったものなのだ、神の傑作だと言うのです。わたしが造った傑作で、この獣たちも命をもっていて、大事なものなのだと言うのです。そしてもう一度、知恵の書の11章のあの話に戻っていきます。

　要するに、造ったものは全部、神にとってはいとおしいものなのです。だから悪いことをしたからといって、人間にとって悪い存在だからといって、害のあるものだからといって、神はそれを駆除したりしないのです。もちろんそれを神は生かしているということを言いたいわけです。そういう言葉を前にして、ヨブは黙るのですね。自分は正しいから当然の報いを受けるはずで、悪いものは当然それなりの報いを受けるはずなのですが、その応報というのはもう通用しません。いわゆるロゴスとしての応報から、ソフィアとしてすべてを受けとめていきます。神のすべての命を受けとめていきます。それは、慈しみの神です。ソフィアとしての神です。ヨブは創造の業を見て、そしてそのあとにもう一度創造の業を思い起こしたうえで、神の造ったものを前にして黙るのです。沈黙するのです。そういう意味で4節は、原点としての創造と沈黙でした。やっぱり創造が命の始まりなのです。人間は神が造った命、神が与えた命を見たときに、黙るしかないと思うのです。それは神が最後の七日目に休んで沈黙を保ったように、わたしたちも、ヨブを含めてわたしたち人間は、神の創造の前に沈黙を保って、そこに神の大きな慈しみを見るわけです。

神の知恵です。ソフィアです。それをわたしたちは悟らなければいけないということです。そしてそれを悟ったときに、ヨブとその友人たちの議論のなかで、なぜ神が沈黙を保っていたのかという意味がヨブにわかってきます。沈黙は、実はすべてを受け止めている神の姿だったのです。結局ヨブの苦しみをいちばんわかっていたのは、沈黙を保っている神だったのです。友人たちも沈黙を保っていれば良かった。沈黙を保つということは、いちばん苦しみを共にしているという状態だったのに、それを破って、応報思想に基づく言葉の暴力を浴びせかけた。まさにその最初にあった沈黙、創造の最初にあった沈黙、人と関わるときに、苦しんでいる人と関わっていくときに、苦しみをそのまま受けとめていく沈黙、それがソフィアというものです。

神は創造の時点までヨブを連れて行くことで、ヨブに悟らせたのです。創造の業を思い起こさせ、すべての命を神が愛していることを、愛を持って受けとめさせ、思い起こさせるのです。そしてヨブに同じ慈しみの沈黙を求めていくのです。

人間の不確実な正義から神の確実な慈しみへ

そして、「人間の不確実な正義から神の確実な慈しみへ」というテーマに入っていきます。一度ヨブは不確実な世界に入りました。そこで、応報とか自分たちの正しさというのが、実は不確実だったことを知るわけです。そこから初めて神の慈しみを知ります。神の慈しみは創造から出てくるので、すべてに行き渡っています。それは確実な、百パーセント確実な世界です。それが言いたくて、このような言い方をしているのです。

最後に、ヨブが自分の不確実な正義を捨てて、神の確実な慈しみに自分の身をすべて委ねていく変化を見たいと思います。ヨブ記の1章を見てみましょう。ヨブ記の始まりです。

ウツの地にヨブという人がいた。無垢《むく》な正しい人で、神を畏れ、悪を避けて生きていた。七人の息子と三人の娘を持ち、羊七千匹、らくだ三千頭、牛五百くびき、雌《め》ろば五百頭の財産があり、使用人も非常に多かった。彼は東の国一番の富豪であった。息子たちはそれぞれ順番に、自分の家で宴会の用意をし、三人の姉妹も招いて食事をすることにしていた。この宴会が一巡りするごとに、ヨブは息子たちを呼び寄せて聖別し、朝早くから彼らの数に相当するいけにえをささげた。「息子たちが罪を犯し、心の中で神を呪ったかもしれない」と思ったからである。ヨブはいつもこのようにした。

（1章1―5節）

ヨブは非常に正しい人で、息子たちのためにいけにえをささげていたと書かれています。では42章7節から16節を見ましょう。神との対話が終わってから、ヨブはこう言います。

主はこのようにヨブに語ってから、テマン人エリファズに仰せになった。「わたしはお前とお前の二人の友人に対して怒っている。お前たちは、わたしについてわたしの僕ヨブのように正しく語らなかったからだ。しかし今、雄牛と雄羊を七頭ずつわたしの僕ヨブのところに引いていき、自分のためにいけにえをささげれば、わたしの僕ヨブはお前たちのために祈ってくれるだろう。わたしはそれを受け入れる。お前たちはわたしの僕ヨブのようにわたしについて正しく語らなかったのだが、お前たちに罰を与えないことにしよう。」テマン人エリファズ、シュア人ビルダド、ナアマ人ツォファルは行って、主が言われたことを実行した。そして、主はヨブの祈りを受け入れられた。ヨブが友人たちのために祈ったとき、主はヨブを元の境遇に戻し、更に財産を二倍にされた。兄弟姉妹、かつての知人たちがこぞって彼のもとを訪れ、食事を共にし、主が下されたすべての災いについていたわり慰め、それぞれ銀一ケシタと金の環一つを贈った。主はその後のヨブを以前にも増して祝福された。ヨブは、羊一万四千匹、らくだ六千頭、牛一千くびき、雌ろば一千頭を持つことになった。彼はまた七人の息子と三人の娘をもうけ、長女をエミマ、次女をケツィア、三女をケレン・プクと名付けた。ヨブの娘たちのように美しい娘は国中のどこにもいなかった。彼女らもその兄弟と共に父の財産の分け前を受けた。ヨブはその後百四十年生き、子、孫、四代の先まで見ることができた。ヨブは長寿を保ち、老いて死んだ。

これがヨブ記の最後なのですが、ヨブが回復するわけです。神がもう一度ヨブに祝福を与えるのです。ヨブ記の最初と最後、1章と42章を読み比べてみると、全然違います。元どおりになったのではないのです。元どおりにしたという言い方をするのですが、中身を見たら全然違います。

ヨブは最初、いけにえをささげるのですが、これは息子たちのためです。息子たちのためということは、自分のためだということです。息子が神の祝福を受けられなかったら家系が絶えるわけですから、それは自分のためにささげているのと同じなのです。自分のための神への祈りです。

しかし、最後のところでは、三人の友人のために取り次ぎの祈りをします。その三人の友人というのは、ヨブに敵対していた人たちです。ヨブを苦しめた人たちです。その苦しめた三人のために、取り次ぎの祈りをするヨブの姿があります。そのヨブが三人の友人のために祈ったら、神はヨブを祝福したのです。ここで、許しとか、取り次ぎの祈りとか、そういうことが入ってきます。まさに慈しみのテーマです。

12節の財産目録を見ると、羊一万四千匹、らくだ六千頭、牛一千くびきというように、全部二倍に増えていて、ヨブは前よりも裕福になっています。ただ、1章5節を見ると、使用人が非常に多かったとありますが、42章ではその使用人がいなくなります。1章では、家畜の数と自分の息子、娘の数は正確に書いてありますが、使用人の数というのは多かったということしか書いてありません。使用人というのは奴隷です。使用人と奴隷という言葉は、同じ言葉を使っています。ということは奴隷がいなくなるのです。そして、もう一つ、七人の息子と三人の娘とありますが、42章には娘の名前だけが書かれています。娘の名前だけちゃんと書いてあって、その娘も財産を受けたとあります。聖書の世界では、ふつうは男子だけが財産を受けるのです。女子は財産を受けないのですが、娘も受けたと書いてあります。娘一人ひとりの名前が書かれているということは、ヨブにとっては息子も娘も同じように大切な存在になったということです。そして使用人はどこに行ったのかということですが、ヨブにとって使用人は使用人でなくなった、奴隷でなくなった、自分にとって愛すべき兄弟姉妹になったということです。だから自分の財産目録から外れ、持ち物ではなく、自分と一緒に生きていく仲間、友人という存在になったのです。そのような大きな変化が見られました。そして自分のため、自分の息子のためにに祈っていたものが、人のために祈るようになります。理不尽だと思っていた大きな苦しみを通して、創造のときに示された慈しみ、神はすべての命をいとおしまれるということがわかりました。これは「いつくしみの特別聖年」のテーマのように、神のように慈しみ深くなっていくヨブの姿がここに描かれています。

ヨブが最初から正しい人だったのかと言うと、どうもそうじゃないと言わざるを得ない。以前は本当の正しさではなく、自分が良い行いをしたから当然の報いがあるという、そういう意味での正しさ、自分の正しさを主張するヨブだったわけです。自分の行いに基づく正しさを主張するヨブから、すべては神の慈しみからくることを受け入れ、本当の意味で正しい者に変わっていきました。だから、正しさの意味が全然違うのです。

ここで、30章1節から8節を見てみましょう。ここはヨブが、実は以前、本当は正しくなかったということがわかる箇所なのです。ヨブにも問題があったのだということがわかります。

だが今は、わたしより若い者らが、わたしを嘲笑う。彼らの父親を羊の番犬と並べることすら、わたしは忌まわしいと思っていたのだ。その手の力もわたしの役には立たず、何の気力も残っていない者らだった。無一物で飢え、衰え、荒涼とした砂漠や沼地をさまよい、あかざの葉を摘み、れだまの根を食糧としていた。彼らは世間から追われ、泥棒呼ばわりされ、身震いさせるような谷間や、土の穴、岩の裂け目に宿り、茨の間で野ろばのようにいなき、あざみの下に群がり合っていた。愚か者、名もない輩、国からたたき出された者らだった。

かつてヨブは、このような目でほかの人を見ていたのです。自分が正しい者だから、神を畏れる者だから、これだけの報いを受けて裕福になったという、応報の考え方に基づく正しい者だったのです。しかし、貧しい人たちに対してはこういう目で見ていました。神が命令するから、この人たちにも何か施さなきゃいけないぐらいの程度の正しさでした。それが今度は自分がその人たちと同じ苦しみを味わい、この人たち以下にさせられ、それで初めて大きく変化していきました。

そして最終的には、ヨブは本当に神のように慈しみ深い者になっていきます。神の慈しみに基づく正しい者になっていきます。

ヨブは、神の創造の業に示された大きな慈しみ、沈黙の慈しみ、それを体験します。友人の言葉の暴力の裏返しとしての沈黙がどのくらい救いになるか、沈黙の慈しみがどのくらい大切か、そのときの神の沈黙がどのくらい大きな愛だったかを体験していくなかで、ヨブは慈しみを生き、慈しみに基づく正しい者になっていく、それがヨブ記の一つのメッセージだと思います。

もし、わたしたちが日常生活の中で苦しみを味わうことがあるならば、それはわたしたちが慈しみ深くなるために必要な経験であり、ヨブ記はそのために一つの教訓になるということなのです。

イエスのたとえ話

広島司教区司教　白浜　満

はじめに

今回、わたしが依頼されているテーマは、神のいつくしみについての「イエスのたとえ」です。教皇フランシスコは、いつくしみの特別聖年公布の大勅書『イエス・キリスト、父のいつくしみのみ顔』の9番で、ルカ福音書15章1—32節の三つのたとえ話に言及しています。一つ目は「見失った羊」のたとえ、二つ目が「無くした銀貨」のたとえ、三つ目が「放蕩《ほうとう》息子」のたとえです。今日はこの三つのたとえを見ていきたいと思います。

結論が先になってしまいますが、この三つのたとえについて、教皇フランシスコが要約した言葉を紹介したいと思います。

これらのたとえの中で、神はつねに喜びに満ちたかた、とりわけゆるしを与えるときに喜ぶかたとして描かれています。ここにわたしたちは、福音と自分たちの信仰の核を見いだします。そこではいつくしみが、すべてに打ち勝つ力、心を愛で満たし、ゆるしを与えて慰める力として描かれているからです。

（「いつくしみの特別聖年公布の大勅書」9）

心に染み入る教皇フランシスコの言葉です。これから、三つのたとえを味わいながら、神のいつくしみをより深くかみしめることができればと思います。それでは一つ目の「見失った羊」のたとえを読んでいきましょう。ルカ福音書15章1―7節です。

「見失った羊」のたとえ

徴税人や罪人が皆、話を聞こうとしてイエスに近寄って来た。すると、ファリサイ派の人々や律法学者たちは、「この人は罪人たちを迎えて、食事まで一緒にしている」と不平を言いだした。そこで、イエスは次のたとえを話された。「あなたがたの中に、百匹の羊を持っている人がいて、その一匹を見失ったとすれば、九十九匹を野原に残して、見失った一匹を見つけ出すまで捜し回らないだろうか。そして、見つけたら、喜んでその羊を担いで、家に帰り、友達や近所の人々を呼び集めて、『見失った羊を見つけたので、一緒に喜んでください』と言うであろう。言っておくが、このように、悔い改める一人の罪人については、悔い改める必要のない九十九人の正しい人についてよりも大きな喜びが天にある。」

（ルカによる福音書15章1―7節）

皆さんの中には、ご存じの方も多いと思いますが、ルカは「いつくしみの福音記者」と言われています。ルカは、三つのたとえ話を連続して書くことによって、神のいつくしみを強調しています。ところで、その最初の百匹の羊のたとえが、マタイ福音書にもあります。マタイの記述と、ルカの記述には、何か違いがあるのでしょうか。わたしはマタイ福音書の並行箇所を調べてみました。マタイ福音書18章10―14節です。どのような違いがあるのかに気をつけながら、一緒に読んでいきたいと思います。

「これらの小さな者を一人でも軽んじないように気をつけなさい。言っておくが、彼らの天使たちは天でいつもわたしの天の父の御顔を仰いでいるのである。あなたがたはどう思うか。ある人が羊を百匹持っていて、その一匹が迷い出たとすれば、九十九匹を山に残しておいて、迷い出た一匹を捜しに行かないだろうか。はっきり言っておくが、もし、それを見つけたら、迷わずにいた九十九匹より、その一匹のことを喜ぶだろう。そのように、これらの小さな者が一人でも滅びることは、あなたがたの天の父の御心ではない。」

（マタイによる福音書18章10―14節）

たとえの内容は大体同じなのですが、わたしは重要な言葉に表現の違いがあることに気づき、ハッとしました。百匹の中の一匹について、マタイは「迷い出た羊」と言っていますが、ルカは「見失った羊」と表現しているのです。新約聖書はギリシャ語で書かれていますが、わたしは最初、同じ単語であって、日本語の翻訳の問題ではないかと思いました。念のために、辞書を使ってギリシャ語の原語を調べてみました。マタイの「迷い出た羊」は、「ト・プラノメノン」で、ルカの「見失った羊」は「ト・アポロロス」です。明らかにギリシャ語の原語自体に違いが見られるのです。日本語の表現は、原語のニュアンスの違いを忠実に示す翻訳になっているようです。日本語の翻訳で結構なのですが、マタイの「迷い出た羊」と、ルカの「見失った羊」に、どういうニュアンスの違いが感じられますか。

このことを少し考えてみるために、一つのエピソードを紹介したいと思います。小学生の子どもの話で、足し算と引き算の授業のときのことです。担当の先生は、算数の授業のはじめに毎回一問だけ、小テストをしていました。ある日の小テストは、次のような問題でした。「4つのりんごを3人の友達で分けたら、残りはいくつですか。」……あえて言うまでもなく、答えは明らかです。ところがある子が、０と書きました。もちろん先生は、０と書いた子の答案に大きな×をつけました。その子は答案を鞄に入れて家に帰りました。そして、鞄の中に入っている教科書やプリント類を机の上に出して、遊びに行ってしまいました。その中にある算数の答案もありました。子どもが遊びに行った後、お母さんが掃除のために部屋に入りました。すると、机の上にあった算数の小テストの答案に目が留まりました。お母さんは大きな×に気づき、自分の子どもが、こんな簡単な問題も解けていないことが分かり、情けなくなってしまいました。すると、そのとき、その子が帰ってきたのです。お母さんがいきなり、「どうして、あなたはこんな易しい問題も解けないの？」と怒ってしまいました。するとその子は、次のように答えたのです。「４つのりんごを３人の友達で分けたら、残りは１つ。でも、１つ残したらもったいないから、病気で学校を休んだ友達の所に、わたしが持って行ってあげる。だから残りは０です」。お母さんはびっくりしてしまいました。きちんと問題が解けていたのです。それだけではありません。残ったりんごを、病気で学校に来られなかった友達の所に届けに行くという優しい心を持っているのです。お母さんは、その子が問題をきちんと理解しているだけでなく、優しい心を持っていることにうれしくなって、大きな×を、花丸に直してあげたというのです。ここでよく考えてみてください。このお母さんは最初、その子のことを「迷い出た羊」のように思っていなかったでしょうか。「ろくに勉強もしないで遊んで回って、こんな易しい問題も解けないでいる」と。ところが、子どもの説明を聞いたお母さんは、その見方が変わりました。その子は「迷い出た羊」ではなく、自分が「見失った羊」だったのです。「迷い出た」と言うと、迷った羊、群れを離れた羊の方に責任があるように思います。ところが、「見失った」と言ったら、どうでしょうか。「見失った羊」と言うと、その責任は牧者の方にあるように感じられるのです。教皇フランシスコは、『イエス・キリスト、父のいつくしみのみ顔』の9番で、次のように教えています。「神のいつくしみは、わたしたちに対する神の責務なのです。神は責任を感じています。わたしたちの幸せを望み、わたしたちが幸福で、喜びと平和に満たされているのを見たいのです」。

冷静に考えてみましょう。神は、すべての人の「良い牧者」、わたしたち人間が「羊」です。人間の方が、自分のわがままで神のもとから離れて行くのです。これが真実の姿ではないでしょうか。神は決して人を見失うことはありません。

ですから、マタイが「迷い出た羊」と書いたのは適切だと思います。それを、ルカはあえて「見失った羊」と表現しているのです。百匹の羊の中の一匹でも迷い出たとしたら、牧者は自分が見失ったかのように、責任を感じるのです。

教皇フランシスコは、続けてわたしたちにも呼びかけています。「キリスト者のいつくしみに満ちた愛は、その神の愛と同じ波長をもたねばなりません。御父が愛しておられるのと同じように、子らもまた愛するのです。御父がいつくしみ深いかたであると同じように、わたしたちもまた、互いにいつくしみ深い者となるよう招かれているのです」（「いつくしみの特別聖年公布の大勅書」9）。

わたしたちもいつくしみ深い者となるために、「迷い出た羊」なのか、「見失った羊」なのか、この視点の違いを、日常生活の中で応用してみるとよいかもしれません。例えば、人間関係の中で、自分が「何となく苦手で嫌な人」がいるとします。自分はその人を「迷い出た羊」と考えて、その人だけに責任を負わせていないでしょうか。このような時、立ち止まって、視点を変えて見たいものです。自分にも責任があるのではないかと……。本当は、自分が「見失っている」のかもしれません。このようなことが往々にして起こり得るのです。

先ほど紹介した小学生のエピソードで、「4つのりんごを3人の友達で分けたら、残りは0」という答えは、算数的には間違いとされるでしょう。しかし、「その1個のりんごを病気で来られなかった友達に持って行ってあげたい、だから残りは0」という気持ちを持つ子どもは「迷い出た」子どもでしょうか。

神は完全な方で、わたしたち一人ひとりのことをよくご存じです。神は決して見失うことがないので、マタイのように「迷い出た羊」と書くのが適切なのです。しかし、ルカは「見失った羊」という表現を用いているのです。このことは、次の「無くした銀貨」のたとえ（ルカ15・8―10）につながっていきます。

「無くした銀貨」のたとえ

「あるいは、ドラクメ銀貨を十枚持っている女がいて、その一枚を無くしたとすれば、ともし火をつけ、家を掃き、見つけるまで念を入れて捜さないだろうか。そして、見つけたら、友達や近所の女たちを呼び集めて、『無くした銀貨を見つけましたから、一緒に喜んでください』と言うであろう。言っておくが、このように、一人の罪人が悔い改めれば、神の天使たちの間に喜びがある。」
（ルカによる福音書15章8―10節）

先ほどの羊のたとえは、迷い出る可能性のある動物でしたが、銀貨が迷い出る可能性があるでしょうか。銀貨は自分で動けないです。それでは、このたとえを少し味わってみたいと思います。

まず、ドラクメ銀貨は、現代の貨幣に換算してみると、どれくらいなのでしょう。注解書を調べると、当時の一日分の平均的な賃金が一ドラクメということです。少し高いかもしれませんが、仮に一ドラクメを一万円としましょう。すると、十万円を持っていて、そのうちの一万円を無くしたということになります。「見失った羊」と「無くした銀貨」はつながっています。誰の責任か、ということです。

ここで、わたしの恥ずかしいエピソードを紹介したいと思います。福岡の神学校で働いていた時に、福岡教区の一部の司祭団からお願いされて、久留米教会で、「ゆるしの秘跡」について勉強会をすることになりました。神学校から天神という福岡市内の中心部まで車で行き、天神で西鉄電車に乗り換え、久留米まで約一時間で行くことができます。約束の時間に間に合うように、早めに神学校を出て自分の車で、まず、天神にあるカトリック大名町教会に向かいました。そこで、教会の横の駐車場に車を止めさせてもらい、歩いて西鉄電車の駅へ行って、電車に乗りました。午前十時前、無事に久留米教会に到着して、一時間半ほど「ゆるしの秘跡」について講話をし、質問を受けました。その後、一緒に昼食の弁当をいただき、午後一時過ぎに、また西鉄電車で天神に戻りました。ところが、わたしは疲れていてボーッとしていたのか、何も考えないで天神からバスに乗ってしまったのです。神学校に帰ってガレージを見ると、自分の車がありません。びっくりして、「わたしの車がない。盗まれた！」と言って、受付のシスターのところへ走りました。また、一緒に神学校で働いていた一人の神父さまに内線電話をかけて、「わたしの車がガレージに無いんだけれど、誰かに車を貸しましたか」と尋ねると、「お前の車の鍵を預かってもいないのに、貸せるはずないだろう」と言われたのです。その時、われに返ってズボンのポケットに手を入れると、車の鍵があるではありませんか。よく考えてみると、わたしが車を大名町教会の駐車場に忘れていただけなのです。しばらくして、大名町教会に電話をしたら、「車は駐車場に残っています」という返事がありました。その時に、わたしは「無くなった自分の車が見つかった！」という思いがしました。周囲の人々には、「車を見つけたから喜んでください」とまでは言えませんでしたが……。「認知症が始まっているのでは？」と言われたくなかったのです。

先のたとえで、「迷い出た」と書くよりも、「見失った羊」と表現すると、「見つけたときの喜び」が強調されるのです。「無くした銀貨」のたとえが、それを明らかにしてくれています。こう書いてあります。

「見つけたら、喜んでその羊を担いで、家に帰り、友達や近所の人々を呼び集めて、『見失った羊を見つけたので、一緒に喜んでください』と言うであろう。」

（ルカによる福音書15章5、6節）

「見つけたら、友達や近所の女たちを呼び集めて、『無くした銀貨を見つけましたから、一緒に喜んでください』と言うであろう。」

（ルカによる福音書15章9節）

このように、どちらも「見つけたときの喜び」で、たとえが結ばれているのです。神は見失うことがないのに、あえて「見失った羊」、「無くした銀貨」とルカは書いています。迷い出た責任は羊の方に、つまり人間の方にあるにもかかわらず、人間が迷い出たら、神も責任を感じるのです。それだからこそ、帰ってくると大喜びされるのです。そして、一人で喜ぶだけでなく、近所の人まで呼び集めて、「見失っていた羊」、「無くした銀貨」を「見つけましたから、一緒に喜んでください」と言うのです。神のいつくしみを深く観想していたルカは、一貫して「見失った」、「無くした」という表現を使っています。「見つけた時の喜び」を強調したかったルカの思いが伝わってくるような気がします。

繰り返しになりますが、神は決して、わたしたち人間を見失うことがありません。「見失った羊」、「無くした銀貨」と書くことにより、人間が一人でも離れてしまうと、神は心を痛めて責任を感じられ、いつも帰りを待ちわびている、そして帰ってきたら大喜びする、そのことを強調するためだと思います。しかし他方では、「見失った羊」、「無くした銀貨」と書くことによって、ややもすると、その責任の所在が曖昧になってくる危険があります。羊が迷い出ることはあっても、銀貨は迷い出ることはできません。この責任の所在を明確にしてくれているのが、三番目の「放蕩息子」のたとえです。

「放蕩息子」のたとえ

今度は、動物でも銀貨でもなく、自由意志を持つ人間が話題にされます。しかも、その人間が、父親と二人の息子、兄と弟という関係で示されています。弟の方が、自分の責任で離れて、父親を悲しませてしまうのですが、弟が自分の責任を認めて、父親のもとに帰って来ると、父親は、自分の息子を許して家に迎えるのです。教皇フランシスコが、「これらのたとえの中で、神はつねに喜びに満ちたかた、とりわけゆるしを与えるときに喜ぶかたとして描かれています」（「いつくしみの特別聖年公布の大勅書」9）と述べていたとおりです。責任の所在は、人間の方にありながら、神はゆるしを与えて、迎えるときに喜ばれる方なのです。「とりわけゆるしを与えるときに喜ばれるかた」という、いつくしみ深い神の姿が、三番目の「放蕩息子」のたとえに登場してくる父親の態度によって明確にされていきます。

ところで、このたとえを読みながら、別の観点から、わたしはこのたとえの奥深さが感じられるように思います。それは、人間の姿が、二人の息子（弟と兄）の二人によって描かれ、弟だけではなく、何も悪いことをしていないように思える兄の方も、回心が必要な人間として描かれているということです。

話の流れが大きく変わりますが、わたし自身も、弟のような「放蕩息子」であり、また、兄の生き方をしていたように思います。一つのエピソードを紹介したいと思います。わたしは、一九九〇年三月十九日に、長崎の浦上天主堂で司祭叙階の恵みを受けました。そして、その後、福岡の神学校で働くために、神学校を運営しているサン・スルピス司祭会に入会する準備をすることになりました。サン・スルピス司祭会とは、神学校で働くための使命をもつ教区司祭の会（共同体）です。四月から福岡でフランス語の勉強を始め、八月の終わりにカナダのモントリオールの神学校に行き、九月から一年間、フランス語の研修を行うことになりました。毎週、月曜日から金曜日まで、一日三時間から四時間ほど、一人のシスターから特訓を受けました。そのシスターは厳しい方でしたが、語学の才能がないわたしのために忍耐強く、時間をかけて教えてくださいました。今でも本当に感謝しています。

それから約十一か月後、翌年の七月に福岡の神学校から、フランス語の勉強の後に、「典礼関係の勉強をしてください」という手紙を受け取りました。幸いにも、フランスのパリにサン・スルピス司祭会の本部があり、そこから歩いてすぐの場所に、パリ・カトリック学院があります。そこに典礼高等研究所があることが分かり、手続きをすることになりました。そのために、パリに移る準備をしていた一九九一年八月の初めに、父親からわたしに一通の手紙が届きました。わたしの父親は、字が上手な方でしたが、めったに手紙を書く人ではありませんでした。わたしが福岡の神学校で神学生として勉強していた時に、父親から手紙をもらった記憶はありません。そういう父親から手紙が届いたので、びっくりしてしまいました。

これは、よほど重要事だろうと思って読んでみると、「お前はいま何をしているのか、ときどき教えてほしい」と書かれていたのです。わたしは、自分のことで頭がいっぱいで、両親がわたしのことを心配していることに考えが及んでいませんでした。少なくとも、クリスマスカードか年賀状を書くとか、絵葉書で短い便りを出すだけでもよかったのですが、一年前の夏に日本を離れるときに、両親に別れを告げて以来、わたしは何の連絡もしていなかったのです。それこそ、わたしは「放蕩息子」の状態でした。その時に、「われに返って」「親が心配している」と思ったわたしは、手紙を書くよりもと思い、国際電話を掛けました。わたしの実家は、長崎県の五島列島の最北端の中通島にあります。長らく座骨神経痛を患っていた父親は、「腰が相変わらず痛いけれど、自分はどうにかやっている、お前も元気で頑張りなさい。ときどきは、手紙を書いて近況を知らせてほしい」という言葉を最後に、電話を切りました。まだ、その時の父親の声が、わたしの耳に残っています。

その翌日のことです。福岡の神学校からモントリオールの神学校にいるわたし宛てにファックスが届きました。「あなたの父親が、昨日、亡くなりました」と書かれていたのです。わたしは信じられず、「そんなはずはない、何かの間違いだろう」と思いました。長崎にいるわたしの伯父さん（父の兄）が病気だったので、父親ではなく長崎の伯父さんのことだろうと考え、それを確かめるために、再度、実家に電話を掛けました。すると、亡くなったのは本当にわたしの父親だったのです！　わたしは昨日、電話で父と話をしていたので、その後、何があったのかを母親に尋ねました。わたしが父親に電話をしたのが、日本時間で八月十日の午前十時ごろだったようです。八月十五日・聖母被昇天の前で、わたしのすぐ下の弟が里帰りをしており、昼ご飯に、その弟と父親が楽しいひとときを過ごし、ビールも飲んでいたようです。そして、少し昼寝をしてから、弟と父親はサザエ捕りに出かけました。父親は、遠洋漁業の船員の仕事を引退してからは、五島で漁をするために船外機付きの小さな舟を持っていました。父親がそれを操縦して、弟だけが海に潜り、サザエ捕りをしていたようです。ところが、その日はとても暑かったらしいのです。父親も泳ぎたくなって、海の中に入ってしまいました。すると、昼ご飯の時にアルコールが入っていたこともあって、父親は心臓発作を起こしてしまったようです。「助けてくれ」と叫ぶ声に弟が気付いて、弟が父のもとに着いた時、父親は目が白くなって沈みかけていたそうです。弟は必死に父親を引っ張って泳ぎ、陸に引き上げ、心臓が止まっている父親に一生懸命人工呼吸を施しましたが、息が戻らなかったようです。わたしが司祭になって一年半後に、父親はこのようにして亡くなりました。わたしが電話をしたのは、亡くなる四時間前だったということでした。葬儀のために帰国する手配をしましたが、夏休みで多くの人が旅行するシーズンだったため、チケットをとることができず、父親の葬儀に参列することができませんでした。司祭になるまで苦労をかけたので、司祭になってから、少しは親孝行ができればと思っていたのですが、突然の出来事で、父親と不遇の別れになってしまいました。いつくしみ深い神は、「放蕩息子」のような自分のために、電話という形でしたが、父親のもとに帰る時、最後の別れの時を与えてくださいました。

ところで、父親と不遇の別れの出来事は、新たな視点での回心をわたしに促すきっかけになりました。わたしは、確かに、一方では、父親の元から離れて、自分のことだけにとらわれ、手紙も書かずに心配をかけていた「放蕩息子」の状態でした。そして同時に、それまでのわたしは、父親の言いつけに背かずにまじめに働いていた兄のように、「自分は悪くない」と自己を正当化して、十分な感謝の気持ちもなく、父親を責めていたような気がします。

この「放蕩息子」のたとえ話の中で、兄も回心が必要な人間として描かれていることに注意したいと思います。弟と兄は、違った回心が必要だということを表しているのではないか、と思うことがあります。まず、弟に必要な回心とはどのようなものでしょうか。弟は父親に向って、「わたしがいただくことになっている財産の分け前をください」と言います。まだ父親が生きているのに……。ふつうは父親がまだ元気であれば、「わたしがいただくことになっている財産の分け前をください」とは言えないのではないでしょうか。しかし、父親はそうしてあげるのです。そして、「何日もたたないうちに、下の息子は全部を金に換えて、遠い国に旅立ち、そこで放蕩の限りを尽くして財産を無駄遣いして」（ルカ15・13）しまうのです。そして食べ物にも困って、もう飢え死にしそうだという時に、回心の時を迎えます。弟の回心を支えてくれたもの、その動機となったものは、何だったでしょうか。次の言葉によく表れていると思います。

「彼は豚の食べるいなご豆を食べてでも腹を満たしたかったが、食べ物をくれる人はだれもいなかった。そこで、彼は我に返って言った。『父のところでは、あんなに大勢の雇い人に、有り余るほどパンがあるのに、わたしはここで飢え死にしそうだ。ここをたち、父のところに行って言おう。「お父さん、わたしは天に対しても、またお父さんに対しても罪を犯しました。もう息子と呼ばれる資格はありません。雇い人の一人にしてください」と。』そして、彼はそこをたち、父親のもとに行った。」（ルカによる福音書15章16―20節）

弟の回心を支えてくれたもの、その動機は、父のいつくしみです。「自分は、放蕩の限りを尽くし、もう息子と呼ばれる資格はない。雇い人の一人にでもしてもらえれば……。」そう思って弟は帰って行くのです。すると「まだ遠く離れていたのに、父親は息子を見つけて憐れに思い、走り寄って首を抱き、接吻」（ルカ15・20）します。そこで、弟は自分の責任として、「わたしは天に対しても、またお父さんに対しても罪を犯しました。もう息子と呼ばれる資格はありません」（ルカ15・21）と告白し、はっきりと自分がしたことを詫びて、父親に許しを願います。

弟に必要な回心とは、自分がしたことを認めて反省し、許しを願わなければならない回心ではないでしょうか。すると、父親は大喜びして迎えます。そして、きれいな着物に着替えさせて、子牛を屠って宴会を催すのです。このように、父親のいつくしみこそが、弟の回心を促した動機であり、弟には何も誇るものがありません。回心してご自分のもとに帰って来る人間を、大喜びして迎える神の姿が、そこに示されています。

弟は、父親に無理を言って財産を分けてもらい、無駄使いをして放蕩したので、何も自分に誇るものはありませんでした。それで、父親のいつくしみにすがる以外、何もなかったのです。父親のいつくしみだけを頼りに、「わたしは、天に対しても、お父さんに対しても、罪を犯しました。もう息子と呼ばれる資格はありません」と告白しています。

ところで、兄の方は、どのような回心が必要なのでしょうか。兄は、父親のところに残って、その言いつけに一度も背いたことがないと言っているのです。その日も、畑で働いて、家の近くまで来た時に、「音楽や踊りのざわめきが聞こえて」きました。次のように記されています。

「兄の方は畑にいたが、家の近くに来ると、音楽や踊りのざわめきが聞こえてきた。そこで、僕の一人を呼んで、これはいったい何事かと尋ねた。僕は言った。『弟さんが帰って来られました。無事な姿で迎えたというので、お父上が肥えた子牛を屠られたのです。』兄は怒って家に入ろうとはせず、父親が出て来てなだめた。」

（ルカによる福音書15章25―28節）

家では、回心して帰ってきた弟を迎えて、父親が大喜びしています。しかし、兄は怒って、その喜びに加わることができないのです。すると、弟の場合と同じように、家を出て兄をなだめに行く父親の姿があります。

「兄は怒って家に入ろうとはせず、父親が出て来てなだめた。しかし、兄は父親に言った。『このとおり、わたしは何年もお父さんに仕えています。言いつけに背いたことは一度もありません。それなのに、わたしが友達と宴会をするために、子山羊一匹すらくれなかったではありませんか。』」

（ルカによる福音書15章28、29節）

さて、兄の気持ちも分かるような気がするのですが、兄に必要な回心とは、どのようなものなのでしょうか。兄が父の喜びに加われない理由は、何なのでしょうか。次の言葉に注目したいと思います。「このとおり、わたしは何年もお父さんに仕えています。言いつけに背いたことは一度もありません」。このように、兄は自分の行いを根拠として、父親を責めているのです。

わたしは、この兄の気持ちがよくわかる気がします。父親に向かって、「あなたはどうして、そこまでするのですか！　弟は、放蕩の限りを尽くして財産を使い果たし、惨めな姿で帰って来たのではありませんか……」と文句を言いたくなります。わたしが父親ならば、帰ってきた弟を「しもべ」として取り扱い、十年くらいは無給で働かせるというような仕打ちを考えてしまいます。兄の態度は、わたしたち人間の通常の反応を代弁しているように思えるのです。

わたしは、レンブラントという画家が、この「放蕩息子のたとえ」を描いた絵を見たことがあります。家の玄関の前で、ボロボロの服を着てひざまずいている弟を、父親が身をかがめて抱きしめている姿が中央に描かれ、その後方に、顔をしかめて、二人を見ている兄の姿も描かれています。

皆さんは、「悪魔」という言葉をご存じだと思いますが、これに掛けて、遠藤周作さんが、「善魔」という言葉を創作しています。「悪魔」は「自分が悪者であることを知っていて、人間を悪の方に誘う」のですが、「善魔」は「自分は悪くない！」という思いを人間に吹き込むのだそうです。遠藤周作さんの言葉を借りれば、弟は、自分に非があることを認めたのに、兄は、自分に非があることを認められない「善魔」にとりつかれているのです。兄は自分の行いを自慢し、父親のように、弟を許して家に迎える心を持つことができません。そのために、父親から次のように言われてしまいます。

「『子よ、お前はいつもわたしと一緒にいる。わたしのものは全部お前のものだ。だが、お前のあの弟は死んでいたのに生き返った。いなくなっていたのに見つかったのだ。祝宴を開いて楽しみ喜ぶのは当たり前ではないか。』」
（ルカによる福音書15章31、32節）

だいぶ前に、ＮＨＫが、「日本語の言葉の中で、あなたがいちばん美しいと思う言葉は何ですか」というアンケート調査をしたことがありました。皆さんにとって、美しいと思われる日本語は、何でしょうか。日本にオリンピックを招致するために、「お・も・て・な・し」という言葉が一時流行しました。そのアンケート調査の結果、一番目は「ありがとう」で、二番目に、わずかの差で、「ごめんなさい」が続いたということでした。わたしはそれを読んだ時に、言葉の響きそのものよりも、その言葉を使うことができる人の心の美しさが一つになっているように思えました。「ありがとう」と言える人の心は美しいです。そして、なにか自分に過ちがあったら、「ごめんなさい」と、正直に言える人の心も美しいと思います。「ありがとう」、「ごめんなさい」、これらの感謝とお詫びの言葉は、それを口にすることができる人の心と一体となって、美しく感じられているのではないでしょうか。

ところで、「放蕩息子」のたとえ話の中で、弟は「ごめんなさい」とお詫びしなければならない回心を必要としている人として描かれているように思います。一方、兄は、父親と一緒に暮らしていたのに、自分のまじめさの方に目が向き、父親に対して「ありがとう」と言えなかったのです。父親は言っています。「子よ、お前はいつもわたしと一緒にいる。わたしのものは全部お前のものだ」と。父親の近くにいて、何の不自由もない生活を送ることができていたのに、いわば「善魔」にとりつかれて、心からの感謝を忘れていた、そこに回心の必要があるのだと思います、

皆さんは、こうしてまじめに聖書の勉強会に来ていますので、「ごめんなさい」と言わなければならない弟の状態からの回心は、もうクリアしているかもしれません。もう一方の兄の状態からの回心が、クリアできているでしょうか。いつも「ありがとう」と言える心構えをもって、生活できているかどうかを振り返ってみると、より深い回心に導かれていくように思います。弟と兄の状態は、人間の回心の深まりの状態を示してくれているのではないでしょうか。

以上の三つのイエスのたとえを読み比べて、最後の「放蕩息子」のたとえ話が、三つのたとえのまとめになっているように思います。そこでは、人間の罪の問題が出てきます。しかし、回心して戻ってくる人間の罪を許して、大喜びする父親の姿が描かれています。それは、わたしたちに回心を促す本当に素晴らしい福音なのです。それなのに、わたしはどうしても素直に父親と喜べない兄の気持ちに

なって、父親のいつくしみについていくことができない自分がいることを、正直に告白しなければなりません。本当に、こんなにいつくしみ深い神がおられるのだろうかと。しかし、それを肯定することこそが、イエスのたとえの核心なのです。

神のいつくしみという薬

皆さんもご存じのように、今過ごしている「いつくしみの特別聖年」は、現代のカトリック教会が進むべき方向性を示した第二バチカン公会議の閉幕五十周年を記念するものです。そして、第二バチカン公会議の精神の中でいちばん大事なことは何だったのかを、もう一度思い起こすように問いかけたのが、教皇フランシスコです。もし、教皇フランシスコが「いつくしみの特別聖年」を制定してくださらなかったら、わたしは、イエスのたとえを通して、神のいつくしみを深く学ぶ機会がなかったかもしれません。

教皇フランシスコは「いつくしみの特別聖年公布の大勅書」の中で、第二バチカン公会議の開会宣言と閉会宣言の言葉を引用しています。まとめに代えて、その引用文を一部、紹介したいと思います。開会宣言で、教皇ヨハネ二十三世は、「今日、キリストの花嫁である教会は、厳格さという武器を振りかざすよりも、むしろいつくしみという薬を用いることを望んでいます」（『いつくしみの特別聖年公布の大勅書』8頁）と述べていました。そして、閉会宣言で、教皇パウロ六世は、「よいサマリア人についての古い物語が、公会議の霊性の模範でした」（同9頁）と述べていました。第二バチカン公会議は、現代の教会が、いつくしみという薬を大事にしながら人々に寄り添い、「よいサマリア人」の模範にならって奉仕するように求めていたのです。「わたしたちは長い間、いつくしみの道を示し、それを生きることを忘れていたかもしれません」（同18頁）。イエスが語られた神のいつくしみの三つのたとえを、生活の中でしばしば思い起こしながら、そのいつくしみにあやかって生きることができるよう、イエスに助けを願いたいと思います。

イエスのいやし

神言修道会司祭　西　経一

はじめに

今日は、全体のテーマ「神の正義と神のいつくしみ」の中で、「イエスのいやし」についてお話しします。

わたしは司祭叙階のあと、もう四十年近く、ずっと学校に勤務しています。今は名古屋にある南山から長崎の南山に移り、この男子校で校長をしています。この前、翌日には台風が来るだろうという予報が出ていた日、廊下を歩いていましたら、中一の生徒たちがわたしを取り囲み、「校長先生、明日、暴風雨警報が出て、学校が休みになるようにお祈りしてください」と言うのです。そこでわたしは、「でもね、明日は、皆の一年先輩の中学二年生が、修学旅行に出発する日だよ。台風が来たら、飛行機が飛べなくなって、先輩たちが修学旅行に行けなくなってしまうよ。どっちがいい」と子どもたちに尋ねたのです。すると、生徒たちは「う〜ん、難しか〜（長崎弁）」と考え込みました。かわいいでしょう。しかし、その中に少し反抗期に入っている生徒が一人いて、「どうせ、校長先生は、中学二年生のことを思ったら、台風が来ないように願うのが当たり前だろうと僕たちに言わせたいのでしょう」と言うので、わたしは、「皆がお休みになり、しかも、飛行機は飛べるようにお祈りしよう」と言いました。そうすると、元気よく「はい」と答えるのです。わたしが祈ると神さまがそのとおりにしてくれると、皆、思い込んでいるのです。結局、翌日飛行機は無事飛び立ち、学校は休校になりました。

この話を冒頭にしましたのは、台風という一つのことだけをとっても、それを歓迎する人と、歓迎しない人がいるということです。一つのことをただ一つの観点、一つの角度だけから眺めると、物の見方がものすごく狭くなってしまいます。

どんなことでもです。今日お話しする「神の正義といつくしみ」、そして「いやし」もそうです。一見すれば、それぞればらばらの概念のように考えられがちですが、果たしてそうでしょうか。

神のいつくしみ

まず、「いつくしみ」から見ていきましょう。「いつくしみ」というのは、「いつく」という古語の動詞からきている言葉です。「いつく」は、「まつる」という言葉と比べるとよく分かるでしょう。

「まつる」というのは、年に一度とか、定期的に行われることを言います。京都でも大きなお祭りがあります。お祭りには大勢の人が集まるのですが、終わったら皆いなくなります。「まつる」という行為はそのようなものです。ところが、これに対して「いつく」というのは、日々日常、昨日も今日も明日も、毎日のことです。「まつり」が定期的なものであるのに対して、「いつく」は毎日毎日、日常ずっと神にお仕えすることを言うのです。ですから、毎日炊き立てのご飯を椀に盛り、毎日灯明《とうみょう》をあげ、毎日祝詞《のりと》や祈りをささげるのが「いつく」で、「まつる」というのは、年に一度とか定期的に寄り集まって、壮大にすることを言います。

こうして見ると、母の子どもに対する行為は、子どもを「まつる」のではなく「いつく」と言えます。毎日毎日、子どものお世話をするということです。また、夫のためにも、「いつく」わけです。神に対して「いつく」とき、神は何の返事もされません。「今日の炊き立てのご飯はおいしかった」と返事はされません。反応もない神に対して、毎日毎日、お供えをするのです。子育ても、ちょうどそれと同じです。毎日毎日、子どもたちにお供えを差し出すようなものです。向こうから返事も報酬も、何も貰わないでしょう。「材料費合わせて七百八十円」なんて請求しないでしょう。子どもから何をとるわけでもなく、全部無償でお供えをするのです。母は、家で最初に起きて、火をともし、毎日料理をして、子どもたちに差し出すわけです。これを「いつく」と言います。

ですから、「神のいつくしみ」というのは、神が毎日毎日、わたしの世話をしてくださるということです。神が主語です。神がこのわたしに、毎日奉仕してくださるということです。神がわたしを「まつる」のではなく、「いつく」のですから、神がずっとわたしにつきあって、いつも共にいて、共に歩み、奉仕してくださるのです。神がこのわたしに無償で奉仕されることを「神のいつくしみ」と言います。「わたしのいつくしみ」でなくて、「神のいつくしみ」は、いつでも神のイニシアティブです。まず、これらのことを押さえておいてください。

神の正義

次は正義です。神の正義について、よく分かるためには創世記の「ノアの洪水」を見てみるとよいでしょう。皆さんは大体のあらましはご存じの方も多いでしょうが、創世記6章をご覧になると、全部同じパターンだということが分かっていただけると思います。

これは、ノアの物語である。その世代の中で、ノアは神に従う無垢な人であった。ノアは神と共に歩んだ。ノアには三人の息子、セム、ハム、ヤフェトが生まれた。この地は神の前に堕落し、不法に満ちていた。神は地を御覧になった。見よ、それは堕落し、すべて肉なる者はこの地で堕落の道を歩んでいた。神はノアに言われた。「すべて肉なるものを終わらせる時がわたしの前に来ている。彼らのゆえに不法が地に満ちている。見よ、わたしは地もろとも彼らを滅ぼす。

（創世記6章9―13節）

全部を洪水で滅ぼしつくす。ただし、ノアは救うのです。これを、ノアを個人として見ないことが大事です。ノアという人の名前で表されているものを個人として見るということは、ノアだけ残して、他は全部滅ぼしますという発想です。しかし、ここで滅ぼすと言っていることは、あなたのあなたであること以外を全部滅ぼすということです。ですから、あなたがあなたであることは残ります。本来のあなたであることは全部残りますが、それ以外のものは、全部水に流して滅ぼしますということです。民族として言うときに、ノアの一族を残して、後は皆滅ぼしますと言うのです。そして、全部を流して、新たにまた祝福するのです。その祝福の言葉が書かれています。

神はノアと彼の息子たちを祝福して言われた。「産めよ、増えよ、地に満ちよ。地のすべての獣と空のすべての鳥は、地を這うすべてのものと海のすべての魚《うお》と共に、あなたたちの前に恐れおののき、あなたたちの手にゆだねられる。」

（創世記9章1、2節）

天地創造の時に与えられた祝福が、また改めて与えられるということです。全部が押し流されて、神がもう一度それを祝福します。それが正義なのです。つまり、わたしの堕落、犯した罪々、それらが全部押し流されて、あなたがあなたであることだけが残りますと言うのです。

例えば、子育てをしたことのある方なら、赤ん坊の夜泣きはたいてい経験しているはずです。夜、赤ちゃんを寝かしつけたと思ったら、突然泣き出すわけです。お母さんがやっと頭を枕につけて安らかに眠りにつけると思ったら、寝ていた赤ちゃんが突然泣き出す。その時お母さんは、「うちの子は元気だわ」とは思わないでしょう。重い頭を起こして、深いため息をついて、ほつれた髪の毛をかきあげて、「はい、はい」とあやして寝かせるけれど、また泣き出す。そんな時、お母さんたちは、笑顔でお世話できなかったでしょう。嫌々あやしたときもあったかもしれません。しかし、夜泣きする赤ん坊を捨てたりはしないでしょう。「あぁ、うるさい」と、赤ん坊ごと捨てないでしょう。それは、ノアごと捨てることなのです。お母さんは赤ちゃんが「泣くこと」だけを捨てるでしょう。そして、もともとの安らかなその子に戻すでしょう。それを「あやす」と言うのです。

ノアの洪水の物語も、「ノア」がいい人だったから救われ、他の人は悪かったので、皆死んだという話ではありません。ノアというのは、言ってみれば、「その人がその人であること」なのです。赤ん坊が赤ん坊であることなのです。言わば、神は赤ん坊が「泣いている」部分を洪水で流したのです。そして、その子がその子であることだけを残して、祝福したのです。

例えば、イザヤの預言書にはノアの代わりに「残りの者」という言葉が出てきます。つまり、イスラエル民族がバビロンやアッシリアの国に徹底的に滅ぼされた後、神は「残りの者」を残されるのです。そしてそれをもとに、また、元の民族に戻してくださるのです。ノアの話と、この「残りの者」の話は同じです。その核心は、「あなたがあなたであることは、滅ぼされもしないし、失われもしない」

ということです。あなたが本来のあなたであるために、余計なものを洪水で押し流すのです。洪水というのは、あなたの本来性を取り戻すための、神の計らいです。わたしがわたしであること、本来のわたしであることを妨げているものを退けるわけです。これを「神の正義」と言います。神はわたしがわたしであることを望んでおられるので、それがいろいろなことで濁らされていることは、神の正義に反するのです。だから、それらを押し流すのです。

そして、神は「いつく」方ですから、いつも付きまとってくださいます。だから、神から逃れることはできません。神は、いつもここにいるのです。昔、カトリック要理では、それを「神の遍在」と言っていました。神はどこにでもおられるのです。神はいつも一緒にいる。そして、わたしがいろいろなもので自分の本来性を失いそうになると、それを「洪水」でもって押し流したり、あるいは、「サタン、退け」と言って追い払ったりするのです。あのペトロがそうです。「あなたがあなたであること」を妨害しているもの、それを「追放」する、あるいは「押し流す」のです。神は、わたしと向き合いたいのであって、わたしをなくすようなものに取りつかれているわたしとつきあいたくないのです。あなたがあなたでなくなるもの、邪魔しているものを押し流して、本来のあなたとつきあいたいのです。ですから、これが「ノアの洪水」になり、「悪霊の追放」になるのです。日本で節分に、「鬼は外、福は内」と言うでしょう。「鬼は外」というのは、鬼を追い払うことです。「福は内」というのは、「外にいるお多福さん、入ってきて」ではなく、もともと福は内にいるのです。「鬼は外、福は内にあり」ということです。内にいる鬼を外に追い払って、外にいる福を呼び込みましょう、ということではありません。

そうすると、「いつくしみ」も「正義」も一つのことになります。「正義」は本来のあなたを取り戻すための正義であって、その本来のあなたに、神はずっと「いつく」のです。時々、正義が発動されて、わたしがわたしであることを邪魔しているものが全部押し流されて、わたしであることを取り戻す。それは、人間的に見れば、ある時は痛いことでしょう。しかし、本来のわたしであるためには、そうするしかないのです。正義の発動というのは、わたしが本来のわたしを取り戻すために、神が行われる業を言います。したがって、わたしがわたしであることを取り戻すので、それを「救い」と言うのです。本来のわたしに立ち返るということです。これを水に流すのが、ゆるしの秘跡です。わたしにまとわりついた罪を全部水に流して、これをご破算にする。ご破算にするにしても、ソロバンは残っているのです。全部入れ直してやるという行為が神の正義です。本来の姿に戻すということ、これを「神の正義」と言います。

イエスのいやし

「いやし」というのは、ギリシャ語で「イーアーシス」と言います。現代ギリシャ語では「セラピエイア」で、よく使われているのは、「セラピー」です。これが、「いやし」なんです。その「いやし」が行われているところを見ましょう。いやしの物語、奇跡物語は、皆ワンパターンです。皆パターンが決まっています。一番目はどんな症状か、ということです。二番目には、この症状をいやしてくださいというお願いが必ずあります。三番目は、イエスがそれに対して何かをおっしゃるか、行動を取られます。四番目は必ず治癒するのです。イエスが治れと言えば、ますますひどくなったというようなパターンはありません。必ず治ります。五番目は、そのいやされた本人、あるいは、周りの人がそれを見て、「すごい」と言って驚いたという反応があります。いやしの物語は皆、このようにパターンが決まっているのです。

しかし、パターンが決まっているということは、そのとおり行われていないという可能性もあるということです。例えば、昔は手紙も型どおり書いていたでしょう。今はメールばかりですが、手紙も「拝啓、秋風が吹くころになり、夜は、金木犀の香りが鼻をくすぐる今日この頃、父上、母上におかれましては、いかがお過ごしでしょうか。金を送れ。父上、母上のご健勝をいつも、いつもお祈り申し上げております。かしこ」と書くわけです。このように、型が決まっているわけです。まさかいちばん最初から、「かしこ」とは書かないわけです。必ず「拝啓」とか、謹んで書を奉るとか、書くわけです。次に時候の挨拶があって、本文である用件があって、そして、相手方の幸いを願って結ぶのです。しかし、それが本当でない場合もあるでしょう。いつも相手のことを考えたりはしていないかもしれません。「いつもお祈りしています」と言って、祈ったことはなかったかもしれません。金木犀はとっくに枯れ落ちているのかもしれません。それでも、時候の挨拶は形式どおり書くのです。肝心のところは、「金を送れ」というところだけです。これさえ真実ならば、あとは型どおり書けばいいのです。したがって、奇跡物語も、ワンパターンの型で書かれていますので、本当にそのとおりの状況で、そのとおりであったかどうかは分からないわけです。ただし、病気だった人がイエスの行いによって治りましたというところだけは本当です。

大事なのは変化です。創世記も同じです。「闇が深淵の表を覆っていた。神は言われた。光あれ。すると光があった」となるのです。あなたはその力をお持ちですという、神をたたえるための信仰宣言の物語なのです。神は闇を光に変える力をお持ちで、それを「確かに信じます」という物語なのです。イエスは神の子ですから、この形式を踏襲して、その信仰を伝えているのです。

マルコ1章30節を見てください。いちばん短いいやし、奇跡の物語です。シモンのしゅうとめが熱を出して寝ていました。軽い熱でなくて、寝込むほどの熱でした。人々は早速、彼女のことをイエスに話しました。これは依頼です。すると、イエスは必ずそれに応えます。イエスはそばに行き、彼女の手を取って起こされると、熱は去り、治った証拠に、彼女は一同をもてなしました。

「嵐が静まった」という話も同じです。ガリラヤ湖で弟子たちと一緒に船に乗った。激しい嵐が起こった。「主よ、助けてください。溺《おぼ》れそうです」。イエスは嵐に向かって言った。「黙れ。静まれ」そうすると嵐は静まった。皆は驚いた。このようにパターンが一緒なのです。ただ、弟子たちは嵐のあったガリラヤ湖で働いていたプロの漁師です。嵐が来たときに大工の息子であるイエスに「助けてくれ」と言うことは、本来ならあり得ないことかもしれません。しかし、「嵐になりました。イエスはその嵐を静めました」という骨格は真実なのです。

その骨格が大事ということを心に留めながら、先ほどの30節に戻ります。「シモンのしゅうとめが熱を出して寝ていたので、人々は早速、彼女のことをイエスに話した。イエスがそばに行き、手を取って起こされると、熱は去り」と書いてあるでしょう。「熱は去り」というのは、日本語で「熱が引く」ということですが、詳しく言うと「熱は立ち去り」、あるいは「離れ去り」と翻訳した方が、もとの言葉に近いのです。なぜ「去る」だけにしたのか分かりませんが、「熱は立ち去り」と擬人的に捉えているのです。「シモンのしゅうとめが熱を出して」という文は、「熱に取りつかれて」という意味です。「熱に抱かれて」いたのが、その抱いていた熱が手をほどき、足を出して出て行った、ということなのです。熱にも手足があって、それにまとわれると熱が出るのです。そう考えたらいいでしょう。悪霊も一緒です。熱は外、熱が出て行ったら、もともとの福はあるわけです。熱が去り、もともとの本来の私に戻っているのです。こうして考えると、「いやし」と「正義」は同じ行為だと分かると思います。しかも、「いつくしみ」ですから、神はずっと一緒に歩んでおられるのです。何かに取りつかれたり、いろいろなものによって自分であることを妨害されたりするとき、妨害しているものは滅ぼしますが、本体は「残りの者」のように、また「ノア」のように残すのです。

お分かりになったでしょうか。だから、皆さん、何も心配しなくていいのです。たとえ罪を犯したとしても、何も心配しないでいいのです。罪だけが除かれるのです。わたしは残るのです。だから、安心して死になさいと言っているのです。煉獄という発想は、これが分かっていないと分かりません。あなたは残るのです。煉獄は炎というイメージですから、わたしがわたしであることを妨げているものが焼き滅ぼされるのです。洪水でもいいです。わたしを妨げているものを洗い流して、わたしが残るということです。ですからそれは、地獄に放り出されるということでなく、天国の敷地内に焼却炉があるということです。それは、天国の中です。一応、風呂を浴びて来いという感じです。「煉獄の霊魂のために祈りましょう」というカトリックの教えがありますが、その水を補給するような感じです。この発想は、「このわたしは、神に祝福された尊い存在に他ならない」という確信です。

いろいろなものが取りついている。その取りついたものを取り外してくださることを「いやし」と言い、その行為を「神の正義」と言うのです。なぜかと言うと、それが、わたしであることを取り戻し、わたしであることを救ってくださるからです。「神の正義」は、「神の救い」とも言うのです。そのことを、夜泣きの赤ん坊に例えて言うならば、夜泣きの赤ん坊をうるさいと、赤ん坊ごと放り投げることではないのです。泣くという虫を取り除いてあげると、赤ん坊は安らかになります。その、神のなさりようをこのように理解していくと、よく分かっていただけると思います。

ここに、わたしという本人がいて、熱があるとします。この場合、熱は「悪霊」なのです。これが、聖書の中で言われる「悪魔つき」とか「病人」です。病人から悪霊を追い払うこと、これを、「いやし」と言うのです。そして、病の癒えた本人が残ります。「悪霊」の代わりに罪と表現される場合は、罪人です。その人から罪を取り払い、本人が残ります。「いやし」は、いずれも「救い」なのです。「人を憎まず、罪を憎む」というのと同じことです。イエスの言葉の中に、「あなたの敵を愛しなさい」という言葉があります。それを誤解して、「矛盾している」とか、「どうやって敵を愛せるの」と言うかもしれません。しかし、順番が違うのです。愛の対象は敵だけと言ってもいいでしょう。例えば、夜泣きの赤ん坊は母にとって敵です。自分の睡眠を妨害し、自分の安眠を妨げる敵なのです。その敵を胸に抱いてあやすのを「愛」と言うのです。ですから、私の修道院は愛に満ちているのです。なぜなら、いわば敵だらけだからです。愛の対象しかいないのです。水が高い所から低い所へ向かって流れるのは、愛とは言わないのです。それは、自然であって、当たり前のことです。自然の行い、自然の流れの場合、愛とは言いません。それは、好ましいものであり、手に持ったものを離すと落ちるのと同じように、愛は不要です。むしろ、愛というものを発動するのは、その対象に対し、私の意志をふるって、手を差し伸べ、そして相手に対して好意を示すことです。だから愛は苦痛なのです。努力や、苦労や、痛みをともなうのです。結婚するとき、「生涯、愛と忠実を尽くすことを誓います」と言うことは、やがて、敵になるということです。自分の存在を妨げるものになる、自分の自由を制限するものになるけれど、「生涯誓います」と言うとき、まさしくそれは愛の誓いです。ですから、愛は誓いによって支えられるのです。誓いとは、自由意志の表明です。だから、自由意志なしに結婚は成り立たないのです。愛の道とは茨の道です。

私は修道院でずっとそれを味わってきています。今、修道院には三人います。前は二十五人でしたから、大勢いると逃れ場もありましたが、今は三人ですから、逃れ場もありません。昔、聖ベネディクトは、「ベネディクトの戒律」を作りました。現在の修道会の会憲、会則の基本となっているのですが、その中に「あなたの修道院が何の騒ぎもなく、極めて安定し、平和である場合、よその修道院から、問題のある修道者を雇う、または、借りるべきである。何故なら、その時、あなたの修道院に愛が生まれるからである」と書いてあります。つまり問題のない組織には愛もないのです。だから、皆さんの家庭に、問題があっていいのです。問題のある家庭には、必ず愛があるからです。百点満点の家族は、穏やかで、平和でよいと思います。しかし、現実に、そういう家族ばかりでなくて、愛を必要としている家族がいっぱいあるのです。自分を心地よくさせてくれない、自分を妨げる、妨害する、自分の存在を脅かす、そういう対象が家族の中に一人でもいると、その人を家族として保ち続ける人間の業は、愛しかないのです。無償で、ただで、自分の身を割いて、心を砕いて、その人に差し伸べる手、言葉がいるのです。そこに愛が生まれるのです。だから、あまり自慢しない方がいいのです。「うちの修道院は愛に満ちています」と言うと、うちの修道院は敵だらけということです。逆に、「うちの修道院は何も問題がありません」と言うのも考えものです。「あぁ、愛がないのね」という感じです。つまり、「いやし」と「正義」、「いつくしみ」というのは、一本の線で結ばれる一つのことなのです。

しかし、わたしたちはいつも悪霊に取りつかれています。自分が執着して離れられないものがいっぱいあります。これが悪魔の業です。例えば、長崎の南山には寮がありまして、入学式の時には、お母さんたちが中学一年生の後ろにおられます。入寮するとお母さんたちは家に帰っていきますから、それは、お別れの時でもあります。それで、わたしはこんな話をしました。「わたしは、毎朝、リンゴを食べます。今朝もそうでしたが、リンゴは一人一個ずつは出ません。半分ずつしか食べられないのです。それで、毎朝、ナイフでリンゴを半分に割って、もう一人の神父さんと分けるのです。その時、気づきました。リンゴを割った時に、右と左を見ると、同じ大きさです。皆がお母さんと離れるのはつらいなと思うでしょう。右側のリンゴの切り口と左側のリンゴの切り口が同じように、お母さんたちも皆を置いていくのはつらいのです」。そうしたら、後ろのお母さんたちが泣き始めました。割るということは痛いのです。自分と一心同体であると思っているものが切り離されるということは、痛いのです。わたしと悪霊も一心同体であるならば、悪霊を取り除いてくださる神の正義が発動すると、痛いのです。それ故、「正義は痛い、苦しい」と言われていますが、それを「洪水」とも言い、「追放」とも言い、「いやし」とも言うのです。本来の自分を取り戻すのが神の正義です。

最後に、マルコ福音書のシモンのしゅうとめをいやしたすぐ前の「汚れた霊に取りつかれた男をいやす」というところを見ましょう。1章21節です。

一行はカファルナウムに着いた。イエスは、安息日に会堂に入って教え始められた。人々はその教えに非常に驚いた。律法学者のようにではなく、権威ある者としてお教えになったからである。そのとき、この会堂に汚れた霊に取りつかれた男がいて叫んだ。「ナザレのイエス、かまわないでくれ。我々を滅ぼしに来たのか。正体は分かっている。神の聖者だ。」イエスが「黙れ、この人から出て行け」とお叱りになると、汚れた霊はその人にけいれんを起こさせ、大声をあげて出て行った。人々は皆驚いて、論じ合った。「これはいったいどういうことなのだ。権威ある新しい教えだ。この人が汚れた霊に命じると、その言うことを聴く。」

（マルコ1章21―27節）

汚れた霊はすっと出て行ったのでなくて、この人にけいれんを起こさせ、大声をあげさせて出て行ったのです。大声をあげたのは汚れた霊ではなく、本人です。悪霊は叫びません。悪霊には喉《のど》も舌もないのです。ですから、大声をはりあげたのは、その当人なのです。けいれんを起こしているのも本人です。だから、悪霊が立ち去るときの悪霊の叫びは、本人の叫びなのです。断ち切りがたく、「行かないでくれ」という感じです。しかし、悪霊は出て行った。

もう一つ、これを最後にしたいと思います。

それからイエスは、人の子は必ず多くの苦しみを受け、長老、祭司長、律法学者たちから排斥されて殺され、三日の後に復活することになっている、と弟子たちに教え始められた。しかも、そのことをはっきりとお話しになった。すると、ペトロはイエスをわきへお連れして、いさめ始めた。イエスは振り返って、弟子たちを見ながら、ペトロを叱って言われた。「サタン、引き下がれ。あなたは神のことを思わず、人間のことを思っている。」

（マルコ8章31―33節）

叱られているのはペトロであり、サタンなのです。イエスは、「サタン、引き下がれ」と言っていて、「ペトロよ、いなくなれ」とは言っていないのです。サタンを取り除くのです。この場合、叱責が正義です。しかし、その叱責はペトロに対して行われています。ペトロが叱られていますが、何度も言いましたように、本来のペトロを取り戻すためのサタン追放の叱責です。そして、さらにその後に、

「後は、もう勝手にしろ」と言うのでなくて、教えておられるでしょう。

わたしの後に従いたい者は、自分を捨て、自分の十字架を背負って、わたしに従いなさい。自分の命を救いたいと思う者は、それを失うが、わたしのため、また福音のために命を失う者は、それを救うのである。」

（マルコ8章34、35節）

このように、叱責し、また本来の自分に立ち返った人に対して、あなたが本来あるべきなのはこうなのだよと教え諭すことを「いつくしみ」と言うのです。ずっと見捨てることなく、その都度教え導いてくださることです。その叱責もまた「いつくしみ」なのです。マタイ福音書では、その後「あなたはペトロ。わたしはこの岩の上にわたしの教会を建てる」（16・18）という宣言までなさるほどです。

おわりに

さて、あとはこのことの日常生活への適用です。生徒たちにこんな話をしました。「お母さんたちは、君たちのために、毎日毎日、いついてくださいます。それに対して、親戚の優しい叔父さんや叔母さんは、年に一度、君たちをまつるんだ。お正月に来て、ああ、大きくなったね。良い子だねと言ってくださって、お年玉までくれる。君たちは、年に一度祝ってくださる叔父さんや叔母さんは心優しい人で、毎日毎日、『サタン、退け』と叱責し、本来の自分を取り戻すように教えてくださるお母さんをうるさい人と思っているだろう。毎日毎日、昇るお日さまに誰も感謝しない。でも、そのお日さま無しにはあなたは生きていけない。『いつくしみ』というのは、お母さんのように、毎日毎日、無償で、ただで、自分にお供えをしてくださることを言うのだ。そのようにいつもお世話になっているのだから、今度はお返しに、いつもただで、無償で、黙々と黙ってご飯を作って差し出してくださっているお母さんに、今日ぐらいは、お供えを返してあげなさい。感謝の気持ちを示しなさい」と言ったのです。

そしたら、帰りがけに、自分の小遣いでアイスキャンデーやお花を一輪、買って帰った子がたくさんいたらしく、電話やメールでお母さんたちの喜びの声を聴きました。そこでわたしはお母さんたちに「校長先生から話があったからって言いましたか」と聞いたのです。そうしたら、「いえ、それは言いませんでした」ということでした。ここでわたしが、その生徒たちの行為が自分のおかげだと思うのは悪霊の仕業です。その悪霊を追い払ったときに、わたしはきれいな心になるのです。これが、日常生活への適用です。

皆さんもさまざまな機会に、「ああ、神さま、わたしは聖人じゃありません。サタンです。『サタン、退け』とお叱りください」と自覚するならば、意志を発動して人に仕えるようになれるでしょう。その意志の発動を「愛」と言うのです。いつも、「主よ、取り除いてください。わたしは弱い者です。取りつかれたままで、その誘いに乗ってしまいます」と祈るのです。だから、主の祈りが成立するのです。いつくしみを求めて、「日ごとの糧を今日もお与えください。私たちを誘惑におちいらせず、悪からお救いください」と。主の祈りを、こうした構造の中で理解していただけると、自分自身にも優しくなれるし、他の人に対しても、心優しく接することができるのではないかと思います。

イエスの派遣

京都司教区司祭　北村　善朗

はじめに

今回の聖書講座のテーマは、いつくしみの特別聖年ということで「神の正義と神のいつくしみ」です。そして、わたしのテーマは、「イエスの派遣」です。イエスの派遣についていろいろな観点から話すことができますが、まず、派遣が成り立つためには二人以上が必要だということを押さえておきたいと思います。派遣ということ自体、派遣する者と派遣される者という関係性によって初めて成り立つからです。さらに派遣される者は、派遣する者と共にいることが前提となります。

使徒という言葉は、平たく言うと「お使い」という意味です。子どもが初めてお使いに行くためには、まずお母さんと子どもがいて、お母さんと子どもとがきちんとつながっていて、それで初めてお母さんはお使いに出すことができ、子どももお使いに行くことができます。それと同じように、お使いに行くためにはイエスと弟子がいて、その弟子がイエスと共にいることが前提となります。マルコの福音では十二使徒の選びの箇所で、「イエスは山に登って、これと思う人を呼び寄せ……そこで、十二人を任命し、使徒と名付けられた。彼らを自分のそばに置くため、また派遣して……」（3・13、14）とあります。派遣の前提は弟子たちがイエスと共にいること、そのためにイエスが彼らを呼び、自分のそばに置くことが必要となるのです。

そのことから考えると、イエスから派遣されるということは、イエスに呼ばれイエスと出会った者、つまりイエスを通して神のいつくしみに出会った者が、イエスと共にある場から派遣されていくことであると言えるでしょう。今日はそのことを見るために、ヨハネの福音書から、二人の女性とイエスとの出会いの箇所を見ていきます。サマリア人の女（ヨハネ4・1―42）、マリア・マグダレナ（ヨハネ20・11―23）の箇所です。最後にマタイ福音書における弟子たちの派遣（28・16―20）を見ていきたいと思います。そして、今回のテーマである神の正義と神のいつくしみについて考えていきましょう。

サマリアの歴史と状況

共観福音書にはなく、ヨハネ福音書だけがイエスによるサマリア宣教を描いています。最初に書かれたマルコ福音書には、サマリアという言葉さえ出てきません。マタイ福音書では10章5節で「サマリア人の町に行ってはならない」という記述が見られます。ルカ福音書になると三回出てきて、サマリア人に好意的な記述が見られるようになります。歴史的に見ると、初代教会でのステファノの殉教後に起こったエルサレム教会への迫害がきっかけとなって、フィリポがサマリア宣教を行ったのが初めてだろうと思われます（使徒言行録8章）。しかし、ヨハネではイエスのサマリア宣教を積極的に描いていきます。

ヨハネ福音書8章48節では、ユダヤ人たちがイエスを「あなたはサマリア人で悪霊に取りつかれている」と非難していることから、サマリア人とユダヤ人の関係を想像することができます。両者間の対立は、旧約時代の南王国ユダと北王国イスラエルにまで遡ります。ソロモンの死後、ソロモンの息子とソロモンの兄弟とで国が二分されます。北王国の首都がサマリアで、やがて北王国はアッシリアによって滅ぼされ、主要な人たちはアッシリアへ連行されるか殺されます。かろうじて生き残った人たちは、アッシリアの政策で、サマリアに入植させられた異邦人と結婚させられ、融合政策が行われました。そのため南王国の人々は、同じ神を信じているのにサマリアは宗教的純粋さが損なわれたとして、彼らを軽蔑し見下すようになっていきます。そして、南王国がバビロンに滅ぼされ、バビロン捕囚後に帰国したユダヤ人たちのエルサレムの神殿再建をサマリア人が妨害するという出来事があり、両者間の対立関係は深まっていきます。その後、紀元前二世紀のマカバイ戦争のときに、サマリア人はセレウコス朝シリアに組みしてユダヤ人を攻撃し、その報復としてユダヤ人がサマリア人の聖所ゲリジム山の神殿を焼き打ちするという出来事が起こります。お互いの憎悪はますます深まっていきます。だから、ヨハネ福音書4章9節で「ユダヤ人はサマリア人とは交際しない」とさらりと書かれていることのなかに、積年の恨みつらみが含まれているのです。歴史的にイエスがサマリア宣教をしたかどうかは分からなくても、初代教会でサマリア宣教がなされており、ヨハネの共同体の中にユダヤ人改宗者と共にサマリア人もいたのだと考えられます。

事実、イエスの時代、エルサレムからガリラヤに行く場合、サマリアを通って行けば直線距離にして近いのですが、ユダヤ人はわざわざヨルダン川を東に渡って北上するという遠回りのコースをとっていました。しかし、イエスはユダヤ人が決して通らないコースをあえて選びます。それを4章4節で「サマリアを通らねばならなかった」といって、神の摂理、あるいはイエスの意向を示唆しています。当時のユダヤ教の中では、サマリアは旧約の歴史の中で不忠実のシンボルとして、神の約束と救いから切り離されたものとして描かれています。そのサマリアにイエスがやってくるのです。

サマリアの女性の状況

サマリアの女が、ヤコブの井戸に正午ごろ水をくみにやってきます。当時のパレスティナ地方では、たいてい朝の涼しい時間か夕方に水くみをしていました。亜熱帯性の気候のパレスティナにおいては、昼ごろは休んで昼寝をします。そんな時間に水をくみに来るということは人と会いたくない、つまり人目を避けて水をくみに来なければならないのっぴきならない事情がこの女性にあったことが分かります。18節以下には「五人の夫がいたが、今連れ添っているのは夫ではない」という記述から、この女性の抱えている状況が分かってきます。おそらくこの女性は、サマリアの人々の間でのけ者にされていたのでしょう。ユダヤ人はサマリア人を差別し、サマリア人はこの女性を差別していたのです。このサマリアの女は、サマリア人の中のサマリア人であったと言えます。イエスはこの女性と出会うためにサマリアを通られるのです。どうしてでしょうか。

イエスとの出会い

イエスはサマリアを通らなければならなかったと言われます。そして、イエスは旅に疲れて井戸のそばに座っておられました。サマリアという状況の中で、しかもそのサマリア人の中のサマリア人である女性と出会うために、イエスは待っておられたのです。たとえ、彼女がどのような状況の中をさ迷い歩いていようとも、イエスはすでにそこにいて彼女を待っておられたのではないでしょうか。サマリアを通らなければならなかったという言い方は、イエスがどうしても彼女と出会わなければならないのだと言わんばかりです。

イエスは7節で「水を飲ませてください」と言います。彼女を軽蔑したり非難したり咎めたりするのではなく、彼女に助けを求められます。サマリア人の中のサマリア人であるこの女性は、すでに人生をあきらめていました。男の人が自分をそれなりの理由で求める以外には、もはや一人の人間として認められることも、人と人との温かい心が通い合うことも、人から何かを頼まれ何かを期待されることも、まして自分が誰かに何かをしてあげるなどという当たり前の人間同士の関係を築くこともあきらめていました。だから、人から何かを頼まれるということが久しくなかったのでしょう。イエスの「水を飲ませてください」という懇願に、この女性はいろいろの意味で驚愕《きょうがく》させられます。

彼女はまず平静を装い、９節で「ユダヤ人のあなたがサマリアの女のわたしに、どうして水を飲ませてほしいと頼むのですか」と答えます。彼女は、イエスがサマリア人の自分に話しかけたことにまず驚きます。ユダヤ人とサマリア人は交際しないし、ましてユダヤ人の男性が、差別しているサマリア人の女性と接触するなどということは考えられないことだからです。同時に、彼女のその言葉には、彼女さえ気づかない戸惑いが表れているとも言えるでしょう。――あなたはユダヤ人で、わたしはサマリア人です。なぜサマリア人のわたしに頼むのですか。あなたはわたしがどんな人間か知らないから、わたしに水を飲ませてほしいと頼むのです。もし、あなたはわたしがどのような人間であるかを知ったら、あなたはわたしに決して関わりはしないでしょうし、わたしに何かを頼みもしないでしょう。それとも、あなたも他の男たちのように、わたしを利用するために近づいてくるのですか――。いろいろの思いが彼女の中で渦巻いていたと思われます。

しかし、イエスは、彼女をサマリア人の女として軽蔑することも、彼女の生き方を非難したり咎めたり断罪したりすることもなく、あなたの器から、あなたが飲んでいる器から飲ませてほしい、と懇願されるのです。それも、イエスの方から真昼の時に彼女を探しに来られる。真昼は最も暑い時間であり、わたしたち人間の渇きが絶頂に達するときであり、わたしたちが自らの渇きを満たそうとするそのときに、イエスが来て待っておられるのです。「水を飲ませてください」と言って。

10節の「もしあなたが、神の賜物を知っており、また、『水を飲ませてください』と言ったのがだれであるか知っていたならば、あなたの方からその人に頼み、その人はあなたに生きた水を与えたことであろう」という言葉で、イエスは自分こそがすべてを満たすことができる者であることを、少しずつ彼女に明らかにしていかれます。彼女は今まで自分の渇きを満たすために、五人の男の人とつきあってきました。しかし、だれも彼女を真の意味で満たすことはできませんでした。なぜなら、相手は彼女自身を見ているのではなく、自分の欲望を満たす道具としてしか見ていなかったからでしょう。彼女はそのための道具とされ、決して満たされることはありませんでした。愛情を求めれば求めるほど、満たされない渇きにさいなまれてきたのです。

そもそも人間は、創造主である方によって愛し愛されるために創られています。別の言い方をすれば、人間は欠けたものとして創られているのです。だから、何かによって満たされたいと求め続ける存在なのです。ある意味ではさみしい存在であるとも言えるでしょう。愛されたい、認められたい、受け入れられたい、心に触れられたいというのが人間としての根源的な欲求です。人間のありとあらゆる欲望は愛されたいという根本願望から来ているのです。キリスト教では人間の欲望、特に食欲、性欲、睡眠欲、支配欲などを悪であるかのように教えてきました。よく言っても、せいぜいそれらの欲望自体は罪ではないというよう控えめな言い方でした。

しかし、人間が満たされたい、愛している人とひとつになりたい、認めてほしいという欲望は、愛に対する渇きそのものなのです。それをわたしたち人間は的外れに、あるいは変形した形で求めてしまうことがあります。それがあるときには罪と言われるものを形成してしまったとしても、それさえも愛されたいという願望の変形にすぎないのです。根底にあるのは愛への渇きであり、完全に自分を満たすことのできるものへの憧れ、渇きなのです。わたしたちの魂の根底に、神への渇き、愛への渇きがあり、それを満たしてくれるものを求めてやまないのです。しかし、わたしたちはその渇きが何であるかを知らないで、またそれが愛への渇きであることに気づかずに、的外れに身近に手に入るもので満たそうとしてしまっているのでしょう。

しかしながら、わたしたちは神から創られたものとして、神によって満たされたという根本体験がわたしたちのうちにあるのです。つまり、わたしたちは満たされたという記憶があるので、この地上で愛を乞うものとして、渇く者として存在しているのです。わたしたちが真にわたしたちを満たしてくれるものを誤った方向に求め、それを満たそう、また満たしているその時（それが真昼の意味ですが）、イエスは何も言わずにわたしたちを待っておられるのです。イエスはそのようなわたしたちを憐れんで、わたしたちを求める旅に疲れ果てて、そのまま井戸のそばに座っておられるのです。

イエスは「もしあなたが、神の賜物を知っており、また、『水を飲ませてください』と言ったのがだれであるか知っていたならば、あなたの方からその人に頼み、その人はあなたに生きた水を与えたことであろう」（4・10）と女性に語りかけることで、彼女の内なる渇きを呼び覚まそうとされます。「水を飲ませてください」と頼まれているわたしが、水を飲むことに渇いているのだということに。実は「水を飲ませてください」と頼んだのはわたしたちだったのです。こうして、イエスはわたしたちに自分の内なる渇きを自覚させるのです。

出会いのプロセス

イエスは彼女を咎めたり非難したりするのではなく、彼女に内なる渇きを自覚させられました。もちろん彼女はすぐにそれに同意するのではなく、疑心暗鬼になり疑いを表明してしまいます。11節で「あなたはくむ物をお持ちでないし、井戸は深いのです」と言います。それは「あなたがわたしを満たすことができるのですか」という意味です。井戸は深いというのは、人間の欲望には際限がなく、心は底なしで、ちょっとやそっとではその渇きは満たされるものではないということを言っています。人の心は無限であり、永遠に開かれています。人間的な方法で内なる渇きを満たそうとしているサマリアの女に、13節で「この水を飲む者はだれでもまた渇く。しかし、わたしが与える水を飲む者は決して渇かない」と言い、真の愛に彼女が飢え渇いていることに気づかせようとされました。そして、彼女は、15節で「渇くことがないように、また、ここにくみに来なくてもいいように、その水をください」とイエスを望み始めます。こうして彼女の中で渇きは自覚されていきますが、さらにイエスはそれがなんであるかを明確に自覚するように導かれます。

16節で「行って、あなたの夫をここに呼んで来なさい」と言います。イエスは彼女を責めるのではなく、彼女の偽りの渇きをはっきりと自覚させるために、自分の現実を見つめるように導かれます。「今連れ添っているのは夫ではない」と言い、神以外のもので自分を満たしていることが道徳的に罪だとか、社会規範から逸脱しているとかといって問題にされているのではありません。神以外のものを神としてしまっている、それは真の夫ではない、わたしたちの魂の伴侶はイエスのみなのだ、と。間違って求めていることが、ダメとか罪だとかいうことをイエスは言われません。そういうことを言うのは教会でしょう。だからいつくしみの特別聖年なのでしょう。ただ愛が間違って、また変形して求められている事実をイエスは指摘するのです。それはイエスの愛するが故の愛の痛み、苦しみだからです。言うなれば、これが神の正義でしょう。本来あるべきところにそれがない状態、それが不正義と言えるかもしれません。今あなたが連れ添っているのはわたしではない、とイエスは言われるのです。

ルカ福音書の15章に「見失った羊」のたとえが、マタイ福音書の18章には「迷い出た羊」のたとえがあります。同じような話であると思われるかもしれませんが、まったく視点が違っているのです。ルカでは、百匹の羊を持っている人がいて、その一匹を「見失った」と書かれています。マタイでは、ある人が羊を百匹持っていて、その一匹が「迷い出た」と書かれています。事実としては、何らかの理由で一匹の羊がいなくなったのでしょうが、ルカはそれを「見失った」と羊飼いからの視点で描き、マタイは「迷い出た」と羊からの視点で描きます。ルカでは、羊がいなくなったのは羊飼い自身の責任であると感じているのです。だから、羊飼いは見つけ出すまで必死に捜し回ります。マタイは羊がいなくなったので捜しに行ってやるかという、上から目線のニュアンスが伝わってきます。ルカの描く羊飼いは、羊がいなくなったのは自分の責任だと感じている、これがイエ

郵 便 は が き

恐れ入りますが
切手を貼って
お出しください

160-0011

東京都新宿区若葉一―十六―十二

サンパウロ

宣教推進部 行

お名前《ふりがな》

ご職業　男・女　歳

ご住所　〒

Tel.　FAX.

E-mail

愛読者カード

ご購読ありがとうございます。今後の企画物の参考にさせていただきます。ご記入のうえご投函ください。

■お買い求めいただいた書名。

（　　　　　　　　　　　　　　　　　　　　　　　　）

■本書をお読みになったご感想。

■お買い求めになった書店名（　　　　　　　　　　　　）

■ご注文欄 (送料別)　　　☆サンパウロ図書目録（要・不要）

書　　　　　名	冊数	税抜金額

スの視点です。

イエスはサマリアの女を責めません。なぜなら、サマリアの女にこのような生き方をさせてしまったのは、彼女にこれほどつらい思いさせてしまっているのは自分の責任だ、自分のせいだとイエスは感じているからです。これがイエスの心です。フランシスコ教皇の特別聖年の大勅書の中に、その視点を見ることができます。「神のいつくしみは、わたしたちに対する神の責務なのです。神は責任を感じています」（9番）。そして、本来あるべきところに彼女がいないことを憂い悲しむのが、イエスの正義なのです。だから、イエスはどうしてもサマリアの女に会わなければならないのです。サマリアの女が道徳的に間違った生き方をしているから、彼女を正しい道に連れ戻してやらないといけないというような、人間的な、また教会的な正義ではありません。

それに対して、マタイ福音書は、マタイの教会での状況が色濃く反映されているのです。教会として人々を管理し指導していかなければならないという視点に立っているので、道にそれて迷っている羊を連れ戻さなければならないという発想になってきます。役所の官僚や役人の発想です。それはイエスの視点とはまったく異なっています。残念ながら、とかくするとこれが教会の姿勢となってしまっています。

そして今、イエスは彼女と出会って話しています。どこか遠くに愛を求めることもよそに行くことも何かをすることも、回心することさえも必要ではない。魂の渇きを真に満たすことのおできになる方は、26節で「それは、あなたと話をしているこのわたしである」と言われます。彼女が真実の出会いに渇いていたように、イエスも彼女と出会うことに飢え渇いておられるのです。イエスと出会うために彼女が変わる必要がない。イエスとの出会いが、イエスの愛が彼女を変えていくのです。

「女は、水がめをそこに置いたまま町に行き、人々に言った。『さあ、見に来てください。わたしが行ったことをすべて、言い当てた人がいます』」（4・28）。イエスと出会った彼女に、もう水がめは必要ありません。彼女が今まで自分の渇きを癒やすために使っていたものを象徴する水がめは、もういりません。今、その方はわたしとともにおられる。イエスとの出会いが彼女を変容し、招かれた喜びを人々と分かち合うために出ていくのです。出会うのは受けたものを分かち合うためなのです。イエスはサマリアに二日間滞在し、さらに人々はイエスと出会うことになります。42節で「わたしたちが信じるのは、もうあなたが話してくれたからではない。わたしたちは自分で聞いて、この方が本当に世の救い主であると分かったからです」と言い、さらにイエスとの出会いの輪が広がっていきます。イエスと出会った者は、自分の水がめを置いて人々の中に出ていくのです。これがイエスによる派遣であり、ヨハネの考えた福音宣教なのです。

マリア・マグダレナとの出会い

マリア・マグダレナは、イエスに七つの悪霊を追い出して救ってもらった女性です。その後イエスの宣教につき従い、それが彼女の生きがいになっていたのでしょう。その生きがいが、イエスの十字架によって奪い取られてしまいます。ヨハネ福音書20章の復活されたイエスとマリア・マグダレナの物語は、11節「マリアは墓の外に立って泣いていた」という言葉から始まります。この言葉がすべてを表しているると言えるでしょう。マリアはイエスを亡くして、悲しみ、絶望の淵に突き落とされています。マリアにとってイエスはすべてでした。そのイエスが亡くなった今、イエスの遺体は彼女の最後のよりどころでした。その遺体さえ奪われて、彼女は人生の軸を失い動揺している姿が伝わってきます。

ここでは、マリアは遺体がなくなったから泣いていることに注意する必要があります。マリア自身の言葉で「わたしの主が取り去られました。どこに置かれているのか、わたしにはわかりません」と言わせています。彼女はイエスが死んで混乱し、どこにおられるのかわからないと嘆き、この問いを三回繰り返しています。マリアはイエスが墓の中に、つまり死の世界にいると思い、そこにイエスを捜しているのです。

「こう言いながら後ろを振り向くと、イエスの立っておられるのが見えた。しかし、それがイエスだとは分からなかった」（20・14）。マリアは何を見ていたのかというと墓場を見ていたのです。死の世界にイエスがいると思い空の墓にとらわれているのです。それはあたかもサマリアの女が、自分の渇きを癒やす対象を人間的なものに求め、イエス以外に求めていたのと似ています。しかし、マリアの後ろにはイエスがすでに立っておられます。マリアが、イエスがどこにおられるのか分からないといって捜し回っているとき、イエスはすでにマリアのすぐ後ろに立っておられたのです。サマリアの女が水をくみに来る前に、井戸で座って待っておられたように。

マリア・マグダレナの姿は、神を失って苦しんでいる人類を代表しているのかもしれません。神はどこにいるのかわからないと。しかし、サマリアの箇所でイエスはすでにおられたように、マリア・マグダレナの場合もすぐ彼女のそばにおられたのです。ただ、マリアはイエスに背を向けていて、イエスのいないところでイエスを捜し続けている、これが人類の姿、わたしたちの姿かもしれません。

それにどのように気づくのでしょうか。それは「マリア」と自分の名前を呼ばれたときにはっと気づきます。名前を呼ぶということは、かけがえのない存在としてイエスがマリアに呼び掛けているのです。名前は単なる肩書ではなく、その人の人格そのものを表しています。わたしは、神父さま、神父さまと呼ばれますが、誰も名前で呼んでくれません。名前を呼んでくれるとしたら、母とか伯父伯母、いとこ、親しい友達だけでしょうか。

イエスはその死によってマリアを見捨てていなくなったのではなく、実は復活という出来事によって、マリアと永遠にともにおられる方になられたのです。しかしマリアはイエスを失うという苦しみの中で自分を見失い、本来の自分、つまりイエスがともにおられるという自分を見失っているのです。「マリア」と自分の名前を呼ばれることで自分が呼び起こされ、本来の自分に立ち返るということを体験するのです。わたしたちも混乱してパニックになっているとき、感情に翻弄され自分を見失っているとき、名前を呼ばれてはっとわれに返るという体験がないでしょうか。そして気がつけばそこに本来の自分がいる、神から創られ愛されている自分がいるのです。名前はわたしたちそのものだと言えるでしょう。三好達治の詩を引用したいと思います。

わが名をよびて　わが名をよびてたまはれ
いとけなき日の呼び名もて　わが名をよびてたまはれ
あはれいまひとたび　わがいとけなき日の名をよびてたまわれ
風のふく日のとほくより　わが名をよびてたまはれ
庭のかたへに茶の花のさきのこる日の

ちちちらと雪のふる日のとほくより　わが名をよびてたまはれ
よびてたまはれ
わが名をよびてたまはれ

幼き日　母のよびたまいしわが名もて
われをよびてたまはれ
われをよびてたまはれ

（鈴木秀子、「死にゆく者からの言葉」より）

呼ばれることによって気づいていく、このことさえあれば、この人さえいてくれれば、自分は何があっても生きていけるという体験です。これを復活体験といっていいでしょう。そこで「ああ、イエスはわたしとともにおられたのだ」ということにマリア・マグダレナもサマリアの女も気づいたのです。そしてそこから新たにイエスによって派遣されるのです。17節で「（今までの）わたしにすがりつくのはよしなさい。……わたしの兄弟たちのところへ行って、こう言いなさい」と言われます。イエスと出会った人は、他の人のところへと遣わされていくのです。

イエスの復活後、最初にイエスを信じた人たちは女性たちでした。最後の最後まで信じなかったのは男の弟子たちでした。実はマルコ福音書は、16章のイエスの弟子たちの不信仰ということで話が終わっていますが、それではちょっということで、後代になって、後日談が結び一、二ということで付け加えられています。その結び二には、次のような興味深い記述があります。「婦人たちは、命じられたことをすべてペトロとその仲間たちに手短に伝えた」。つまり、イエスの復活を信じられない不信仰の弟子たちは、婦人たちからイエスの福音を教えてもらったということでしょう。イエスと何年間も生活をしていながら、本当の意味でイエスと出会っていない男の弟子たちの姿を見ることができます。では、この男たちはどうなったのでしょうか。

男たちの物語

最後にこの男たちの物語、マタイにおける弟子たちの派遣を見ていきましょう。

「さて、十一人の弟子たちはガリラヤに行き、イエスが指示しておかれた山に登った。そして、イエスに会い、ひれ伏した。しかし、疑う者もいた。イエスは、近寄って来て言われた（28・18）という箇所です。ひれ伏すというのは信じる態度を表しており、日本語では十一人がひれ伏し、その中のある者が疑うというように訳されています。しかし、原文では、十一人がひれ伏し、礼拝し、疑ったとなっています（マルコ16章11節、ルカ24章11節にも同様な記述が見られる）。イエスを信じつつも疑う、これは不信仰でわたしたちはいけないことのように考えてしまいます。だから頑張って信じないと、信仰を強くしないといけないと考え、またそのように教育されてきました。しかし、疑うということは、信じることのもうひとつの側面です。そもそも信じているから疑うのであって、信じていない人や事柄を疑うということはあり得ません。弟子たちの不信仰の問題は弟子たちの現実、ありのままのわたしたちの姿でもあるのです。信じられないから信じたいと思う。信じているから疑ってしまう。わたしたちは信じつつ疑い、疑いつつ信じることしかできないのではないでしょうか。頑張って信じたら信仰が強くなるなんて言うのは、しょせんきれいごとでしょう。教会はそんなことばかり言ってきました。しかしイエスはありのままの弟子たちに近づいて行かれるのです。立派で信仰あつく力強い、頑張っている弟子たちにではありません。疑いと不信にまみれている弱く限界のある弟子たちに出会って、信じて愛して派遣されるのです。その保証は「わたしは世の終わりまで、いつもあなたがたと共にいる」という言葉です。それは自分の弱さを認め、イエスと出会わなければ分からないのではないでしょうか。いくら教会の教えや信仰箇条を勉強しても、知識として学んだとしても分かるものではありません。

実に、神は、イエスは、世の始まりからずっと人類と共におられたのです。しかし、人類はそのことを信じることができず、お互いに傷つけあい、憎みあい、排除しあってきました。神はそのことに責任を感じ、人類をこのようにしてしまったのは自分のせいだと感じてこられました。神の正義は、人類を救おうとする神のいつくしみ、何があっても信じ続け、決して見捨てない人類に対する神の誠実さを意味します。人間と出会い、人間と関わり、愛し、赦し、救おうとされる、決してあきらめることなく人間に関わり続ける神の誠実、忠実こそが神の正義なのです。だから、イエスが人となってこの世に来られたのです。だから、イエスはわたしたちにどうしても出会わなければならないのです。それが神の正義であり、神はご自分の責任であると感じておられるのです（大勅書9）。

イエスは、わたしたちが罪と思い込んでいることを、断罪したり咎めたり決してなさいません。それをご自分の痛みとし、悲しみ、自分の罪だと言われるのです。わたしが罪と思っていること、また教会が罪としていることはイエスにとって問題ではありません。イエスとの出会いの妨げでもありません。かえって、それ故にイエスとの出会いに導かれるのです。そして、このイエスのいつくしみと正義と出会った者は、もはや小さい自分の中に閉じこもっていることはできません。イエスが神の世界から飛び出て人間の世界に飛び込んでこられたように、イエスのいつくしみ、あわれみに触れた人は、人々の中に飛び込んでいくのです。それこそがイエスによって派遣されるということなのです。

イエス・キリスト、神のいつくしみのみ顔

聖パウロ修道会司祭　鈴木　信一

はじめに

今回の聖書講座も今日が最後です。わたしも皆さんと一緒に学ばせていただきました。というのも、私はまとめの講話を担当させていただきますが、これまでの講師の方々が何を話されたのか分からなければまとめることはできませんし、他の講師の方々とあまり食い違った話をするわけにもいきませんので、今までの講演のCDを送っていただき、聴かせていただきました。おかげさまで、一つ一

つじっくりと聴くことができ、皆さんと同じように学ばせていただいたしだいです。

もう十二月です。典礼では待降節が始まりました。一つの事を締めくくり、新しいことを始める節目の時です。私たちも、この一年を通して「いつくしみ」というテーマで学んできたことを自分なりにまとめ、自分の中で締めくくる作業をしたいものです。そして、それを新しい歩みへとつなげていくことができれば最高です。今、待降節が始まったばかりでよい時です。このコースで「いつくしみ」とはこういうものかなあと感じ、わたしはこう生きたいなと思ったら、それをイエスさまへのクリスマスプレゼントとして、この待降節を大切に生きていくことができればすてきです。

いつくしみの体験――本来の自分に立ち返る――

西神父は、「いつくしみ」という言葉のもとを話されましたが、それは、「いつく」ということだそうです。「いつく神」とは、いついていろいろと世話をしてくださる神です。ご飯の準備をしたり、気配りをしたりしてくださる、そういう神様だと話されました。

神のいつくしみの体験とはどういうものでしょうか。何人かの方が話しておられましたが、本来の自分に気づかされる、本来的な自分にふっと立ち戻らせていただくこと、この体験がいつくしみの体験と言えるのではないかというご指摘が印象的でした。例えば、放蕩息子もお父さんに出会って本来の自分に立ち返っていきます。マルコ福音書1章30節以下の、ペトロのしゅうとめが悪霊にとり憑《つ》かれているところもそうです。「熱が出て」と書いてありますが、当時の感覚からすれば、それは熱という悪霊の働きで、熱という悪霊がとり憑いて離さない状態だそうです。そこでイエスが癒やされると悪霊が去っていきます。熱という悪霊、病気の悪霊が去っていくという体験です。それは、とり憑かれているものを引き離し、本来的な自分に立ち戻らせていただく体験です。

もしかしたら、わたしたちはいろいろなものにとり憑かれているのかもしれません。人生の中で、歩みの中で、お金というものにとり憑かれているかもしれない。また、自分というものにとり憑かれているのかもしれない。そういうものから引き離していただく。それは自分ではなかなかできないことです。悪霊に立ち去れ、離れろと、主に言っていただいて、ふっと自分に戻る。そういう体験が神の恵みの体験、いつくしみの体験だという指摘がありました。

北村神父の話にありましたが、マグダラのマリアは、「マリア」とイエスに個人の名を呼んでいただいて、はっと気がつきました。本来の自分に気づかされる。わたしもいろいろなものに憑かれているかもしれません。そういうものから解放されるということが、イエスを信じる根本的な体験としてあるのでしょう。イエスの言葉に「重荷を負うものはわたしのもとに来なさい。休ませてあげよう」とあります。わたしたちはみんな重荷を負っていて、自分でその重荷をとることができないで苦しみながら悩みながら歩んでいます。わたしにはどうにもできなくて負っているもの、それをイエスが負ってくださる。イエスは言います。「来なさい。あなたに代わってわたしが担ってあげる。おいで。休ませてあげよう」。これがイエスのいつくしみ、神のいつくしみだというのです。わたしたちはイエスに触れることによって解放され、本来の自分にふっと立ち返ることができます。本来の自分というものがどういうものかよくわかりませんが、しかし、いろいろなものに憑かれていることから解放されて、本来の自分に立ち返るというのはなんとも魅力的です。このような神を、イエスはたくさん語ってくださったのです。

旧約に示された神のいつくしみ

わたしたちは旧約聖書から始めて、ずっと聖書を読んできました。はじめに天地創造がありました。出エジプトの出来事もありました。救いの神が登場しますが、神は昔からこのようないつくしみの神ではなかったようです。旧約聖書では、「裁き、滅ぼし、殺せ」と命じる神が登場します。いいことをすれば、報いてくださる神です。なぜこのような神が最初に登場するのでしょうか。それは旧約聖書に登場してくる神は、民族主義の神、一民族のためだけの神だからです。旧約聖書の神は民族神として登場します。それが、最終的にイエスによって神はこんな方だと示されるのです。神のイメージの変遷は、このように理解すればいいと思います。人類の歴史において、最初に登場してくる神は、ユダヤ教に限らず、どこの神もみな自分の民の神という民族神です。聖書も例外ではありません。

わたしたちの神、イエスが「父よ」と呼んだ方も、最初は民族主義的神として登場します。アブラハムの子孫よ、わたしはお前たちの神になる、お前たちをわたしの民とする。契約を結ぼう。わたしはお前たちを祝福する、その代わりお前たちが悪いことをしたら呪うと心得よと。アメとムチ、祝福と呪いです。こういう言葉も出てきます。「お前たちはわたしの宝の民だから、しっかり守り、しっかり祝福してやる。けれど、お前たち以外の者にはかまわない」。神は平気で言います。「滅ぼせ、滅ぼしつくせ、容赦するな、いつくしみなんて持つな」と。申命記を見てみましょう。7章1節以下です。主の選ばれた民というテーマになっています。

あなたの神、主は、あなたが入って行って所有する土地に、あなたを導き入れ、多くの国々の民、すなわちあなたよりも数が多く強い七つの国々の民、ヘト人、ギルガシ人、アモリ人、カナン人、ペリジ人、ヒビ人、およびエブス人を、あなたの前から追い払われるとき、またあなたの神、主が、彼らをあなたに引き渡し、あなたが彼らを打ち破るとき、あなたは彼らを必ず滅ぼし尽くさなければならない。彼らと契約を結んではならず、また憐れみを示してもならない。

（申命記7章1、2節）

こういう感じです。まったくの民族主義の神です。彼らを滅ぼし尽くせ、徹底して滅ぼせと言うのです。

あなたは、あなたの神、主の聖なる民だからである。あなたの神、主は地上のすべての民の中からあなたを選んで、ご自分の宝の民とされた。主があなたたちに愛情を傾けて、あなたたちを選ばれたのは、あなたたちがほかのどの民よりも数が多かったからではない。事実、あなたたちはすべての民の中で最も数の少ない民であった。しかし、主はあなたたちを愛し、また先祖に立てた誓いを守られたので、主は強いその手であなたたちを導き出し、奴隷の家から、エジプトの王ファラオの手からあなたを贖《あがな》われた。

（申命記7章6―8節）

神の愛によって、いつくしみによって、選びによって、お前たちはわたしの民になった。それはお前たちが強かったから、優秀な民だったからではないと言います。そして一民族の神であることを宣言します。

それ故、あなたの神、主こそが神であることを知りなさい。主は誠実な神であって、主を愛し、その命令を守る者には、契約を守り、慈しみを千代にまで施されるが、主を憎む者それぞれに報いて滅ぼされる。主を憎む者それぞれに猶予《ゆうよ》なく報復される。それ故、今日、わたしがあなたに命じる命令と掟《おきて》と法を守り行いなさい。（申命記7章9―11節）

きちんとすれば祝福する。でもきちんとしなければわたしはお前たちを罰する、報復する。わたしはあなたたちの神である。あなたたちはわたしの民である。他の者についてはは知らない。こんな感じで神が描かれていました。ここには神のいつくしみと神の恐ろしさ、つまり、いつくしみと罰の両方が見られます。それで、ずいぶん厳しそうな神だなという印象をわたしたちは持っているのです。そんななかで、「神は悪いことをすると罰するけれど、それだけではない。それは人間的な考え方だけど、さらに発展していくのだ、神のいつくしみにはもっと深みがある」と澤田神父は語りました。彼はホセア書を紹介しましたが、わたしは彼の話を聞いて、なるほどなあ、神はそういうものかと思いました。

わたしたちはいつくしみという大きなテーマに入っていますが、このおおもとにあるのは、人間と神という大きなテーマだと思うのです。人間にとって、神とは一体何者か、神にとって人間とは一体何なのか、ということです。これは大きなテーマです。人類は長い間、神を相手にしてきました。そこに宗教というものが生まれました。キリスト教だけではありません。仏教にしても他の宗教にしてもそうです。それが近代になってどんどんと崩れていきました。神と人間との関係を見てください。「現代は神を必要としない。神なんてなくていい。信じるなんて愚かで危険だ。われわれ人間は、自分の力で人生をつくるのだ。幸せを勝ち取るのだ。神なんかいらない」。現代人の多くはこういう感覚を持っているのではないでしょうか。これは特に近代に入ってからの大きな流れです。神様なんかいらないけれど、お正月くらいはあってもいいかな。クリスマスもいいかな。あとはウェディングドレスの結婚式もいいかな。その程度に神が出てくればいい。あとはいらない。こういう感覚です。現代人の神との関係はこんなものではないでしょうか。世界中がそうだとは言いませんが、わたしたちは確かにそういう感覚の中で生きています。

実は、ずいぶん古い人ですが、ホセア預言者が同じようなことを語りました。彼は結婚というものを通して人間と神との関係を表しました。自分自身の結婚を通してです。どんな結婚だったか、話を思い起こしてみましょう。彼はゴメルという女性と結婚します。このゴメルは身持ちのいい人ではありませんでした。旦那をよそに、ほかの男たちがとても魅力的に見える。だから彼女はストレートにほかの男たちのところに行くわけです。彼女は一人の男の子を産む。その子の父はホセアではありません。愛人の子です。次に女の子を一人産む。その子の父も別の愛人です。三人目に、また男の子を産みました。この子の父もホセアではありません。そういう状況です。それでもホセアはゴメルを愛していました。「わたしたちは誓ったではないか。忠実に歩もう。愛の絆を大切にして歩もうと」。そうありたいと思うから、ホセアはいろいろと彼女に働きかけます。ホセアは根底において彼女を愛しています。どうにか自分に戻ってこないか。どうにか気づいてくれないか。だから、ホセアは彼女に対してお金も渡します。食料も渡します。着るものも渡します。それなのに彼女はホセアの方を向かないで、平気でそれを愛人たちに向かうために使うのです。これで結婚と言えるでしょうか。信頼の絆と言えるでしょうか。破綻《はたん》です。ホセアは悩みます。なんとかして気づいてもらおうと思って、いろいろと工夫をします。愛人があちらへ行けば、その道を茨でふさいで、ゴメルが彼の後をついていけないようにしよう。普通なら、人間的に見れば、もう完全に破綻している結婚の絆です。これが人間と神である、とホセアを通して神は言うわけです。わたしはあなたたちに「さあ戻っておいで。わたしの愛に気づいて。わたしの愛に気づく時にこそ、幸せがある、本当のあなたの幸せはそこにある」と、呼びかける。しかし人間は、わたしの幸せはあの男だ、わたしの幸せはあそこだと言って、神をまったく無視して別の方向に向かう。これが人間の姿だ。こういうふうにホセアの結婚を通して、神と人間というものの現状が告げられるわけです。

さて、次です。神はどう動くか。いよいよ浮気ばかりするゴメルを罰するのか。

人間的に言えば、それがあたりまえでしょう。しかし、神はそうしない。本当の神の姿がここに出てくるのです。

わたしの民はわたしを見捨てたために弱った。
彼らはバアルを呼び求めるが、
バアルは彼らを助け起こせない。
エフライムよ、
どうしてお前を見離すことができようか。
イスラエルよ、どうしてお前を渡すことができようか。
どうしてお前を
アドマのように見放すことができようか。
どうしてお前を
ツェボイムのようにすることができようか。
わたしの心は思い乱れ、
わたしはますます憐れを催す。

わたしは怒りを燃やさない。
わたしは再びエフライムを破壊しない。
わたしは神であって、人ではないから。
わたしはお前とともにいる聖なる者で、
破壊は好まない。

（ホセア書11章7—9節）

エフライムでわかりにくければ、ここは「わが妻よ」「人間たちよ」というふうに読めばいいでしょう。「イスラエルよ」、も同じです。「わが妻よ、どうしてお前を渡すことができようか」。これは裁きへ引き渡すというふうに理解すればいいと思います。ツェボイムというのはソドムとゴモラの親戚と考えてください。同じように神によって滅ぼされた町の名前です。わたしの心は思い乱れるのです。これは神の心です。人間であれば、もう破綻した結婚です。「別れよう。お前を裁いてやる。お前に与えたものを取り返す。お前を断罪してやる」。そうされてもしようがない。家庭裁判所に行けば、ゴメルさん、あなたの責任ですよ、と言われるでしょう。しかし、わたしはそうはしないと言うのです。わたしの心は乱れに乱れるのです。それでもわたしはそうはしない。お前を引き渡すことができようか。どうしてお前を滅ぼすことができようか。これが神の心です。これが神のいつくしみというものです。そうすると、わたしたちがいいことをしたからよしよしと言ってくださる神ではない。いくら悪くても、神は放っておけない。「戻っておいで、気づいておくれ」と呼びかける神です。「よし、これは使えるぞ」と、そういう悪知恵を働かせる人がいるかもしれませんが、本当に神のいつくしみ、思いに触れた時には、きっとあなたも本気で変わるのです。

正義を貫く裁く神が示される一方で、こんなふうに人間の側に何の取り柄がなくても、いや、取り柄がないどころか、離れていくばかりで自分勝手、「もうあんたなんかいらないわよ」と言って、自分勝手にどんどんと離れて行く、そういう人間に対して、「戻っておいで、わたしの愛に気づいておくれ！　ここにお前のほんとの幸せがあるんだよ」と、辛抱強く呼びかける神。そういう神なのだということが、このホセアによって示されています。

イエスが示された神のいつくしみ

しかし、こういう旧約の流れの中にあっても、どちらかというとやはり厳しい神、いいことをすると報いてくださるけれども、道を外れるとだめと言う、そういうイメージがだんだんとでき上がっていきます。イエスの時代もそうでした。その中にあって、イエスはどんな神を示したでしょうか。

イエスは一味違いました。いちばんいい例が、最期の時、十字架にかかった時に、隣にいた盗賊に対して、「今日、あなたはわたしとともに楽園にいる」と言ったことです。盗賊はいいことなんて全然していません。そんな特別の恵みをいただけるようなメリットは何も持っていません。でもいいのです。「あなたがみ国に行ったときに思い出してください」と彼が言えば、「いいよ、お前もわたしと一緒にいるよ」と言ってくださるのです。

こんなイエスのたとえもあります。二人の人が神殿に昇って祈りをした。一人はファリサイ派だった。一人は罪人で徴税人だった。ファリサイ派の人は、「わたしはこんなことができています、感謝します」と祈った。徴税人は、「神様、わたしはろくな生活はしていません。お参りもしないし、献金もろくにしない、わたしの人間関係はいい加減です。神様、赦してください。神様、憐れんでくださ い」。顔を上げることもしないでこの徴税人は祈った。これに対してイエスはなんと言ったでしょう。「この徴税人の方が神の恵みにあずかる」と言ったのです。そうです、イエスはおっしゃっていました。「わたしは罪人を招くために来た」と。これがイエスのポリシーだったのです。「医者を必要とするのは病人だ」、実はこれが神のみ心なのだとイエスは教えられたのです。

これは私たちの常識的な神理解とはずいぶん異なります。常識的には、いいことをすれば祝福し、罪を犯せば罰する、それが神です。ところが、大いに違うのです。「わたしは罪を犯しました。わたしはこんなに貧しいです」。それに気づいた時、「神様、ごめんなさい」と言えば、そのひと言で、「赦すよ。おいで、わたしがあなたの重荷を負ってあげる」と言ってくださる、これが神なのだとイエスは言うのです。お前はだめだと裁くのではなく、赦す神なのです。これが、イエスが示した御父の姿です。

ホセアで見たように、すでに旧約聖書の中にもそれは書かれていました。イエスは徹底してそれを語ったのです。「わたしに害を加えた人を何回まで許せばいいですか、七回ですか」と尋ねられた時、イエスはなんと言われたでしょうか。「七の七十倍まで」です。これがイエスの心であり、父なる神のみ心なのです。「ほんとにあなたが気づいてくれてよかった」と言えるその時まで赦し続けるような愛を生きるのは、簡単なことではありません。

もう少し、わたしの好きなところを読んでおきたいと思います。

夕方になると、人々は悪霊に憑かれた者を大勢、イエスのもとに連れてきた。イエスは言葉をもって悪霊を追い出し、すべての病人を癒やされた。こうして、預言者イザヤを通して言われたことが成就した。「彼はわたしたちの煩いを引き受け、わたしたちの病を担った」。（マタイによる福音書8章16、17節）

わたしたちも何かにとり憑かれているかもしれません。本来の自分を見失っているかもしれません。イエスはわたしたちにとり憑いているものを離してくださるのです。イエスは言葉をもって悪霊を追い出し、病人を癒やされました。それは、ただ病気が癒やされただけではなく、その人たちを本来の姿に立ち返らせたのです。わたしたちもそうなりたいですね。マタイはそういうイエスを見て、イザヤの言葉を思い出します。わたしたちは自分の煩いから自分を解放することができません。わたしたちは自分の病《やまい》を担って、そこから自分で抜け出すことはなかなかできません。それがわたしたちではないでしょうか。そんなわたしたちに対して、主はその煩いをわたしに代わって引き受けてくださるのです。これが主です。マタイはこのイエスをわたしたちに書き残してくれたのです。

このイエスの心を、わたしたちは「いつくしみ」と表現します。その根源は御父にあります。イエスは御父を一生懸命見つめて、そして御父の心を生きようとしました。「御父があんなにいつくしみ深い方なのだから、わたしもそうするのだよ、わたしも罪人を招くのだよ」と、これがわたしたちのイエスです。

教皇フランシスコが示された神のいつくしみ

さらにもう一歩あります。教皇フランシスコが大勅書（「いつくしみの特別聖年公布の大勅書」9）の中で言います。罪人たちを放っておけない、あなたなんか知らないと平気で向こうを向いて行くその妻に対して、「戻っておいで、気づいておくれ」と、そういう心でどこまでも働きかける、それは神の義務なのだと。神はそうしないではいられないのだと教皇は書くのです。「神のいつくしみは、わたしたちに対する神の責務なのです」。神の責任だと言うのです。神は責任を感じていると教皇は言うのです。

これについて、イエスのたとえには確かにそうなのかと思わせるものがあります。ルカによる福音書15章です。これはわたしたちがよく知っている「憐れみの三つのたとえ話」と言われるところです。ここは何人もの講師の方が触れておられましたが、特に白浜司教の話にとても説得力があると思いました。

「あなた方のうちに、百匹の羊を持っている者がいるとする。そのうちの一匹を見失ったなら、九十九匹を荒れ野に残して、見失った一匹を見つけ出すまで、跡をたどって行くのではないだろうか。そして見つけ出すと、喜んで自分の肩に乗せて、家に帰り、友人や近所の人々を呼び集めて言うだろう、

『一緒に喜んでください。見失ったわたしの羊を見つけましたから』。あなた方に言っておく。このように、悔い改める一人の罪人のためには、悔い改めの必要のない九十九人の正しい人のためよりも、もっと大きな喜びが天にある」。

（ルカによる福音書15章4―7節）

この中で注目していただきたいのは、見失った一匹の羊と言っているところです。見失う主語は誰でしょうか。そう、神が見失っているのです。しかし、そんなことはないはずです。勝手に出て行って道に迷ってしまったのは羊です。そういう書き方を実際、マタイはしています。マタイは迷い出た羊、とこういうふうに書くわけです。白浜司教はそういう説明をしておられました。しかし、ルカは一貫して見失ったと言うのです。責任は羊にあるのではなく、私が見失ったと言うのです。責任はわたしにある。このように受け止めてくださるのがわたしたちの神なのだと、イエスはここで語っているのです。責任は人間の側じゃない、わたしにある。だから、「どこへ行った」と、羊に対する心配、迷った者に対する心配を神は持つのです。神はうんと心配するのです。どうしてそんなふうに言えますか？　それはその次に出て来る喜びが大きいということから分かります。思いっきり心配し、心を悩ませた。「ほんとにあの子はどうなるだろう」。こう思っていたから、見つけた時の喜びが大きいのです。そのくらい心配し、悩むのが神の心です。本当は羊が迷い出て自分勝手にどこかに行ったはずなのです。しかし、迷ってしまった羊に対して、「責任はわたしにある。ああ、ごめんよ、ごめんよ、よく見てあげなくてごめんよ」というのが神の心です。

さらに二番目のたとえが続きます。

「また、ドラクメ銀貨を十枚持っている女がいるとする。そのうちの一枚を無くしたなら、彼女はともしびをともして、家じゅうを掃き、それを見つけるまで、念入りに捜さないであろうか。そして見つけ出すと、友だちや近所の女たちを呼び集めて言うだろう、『一緒に喜んでください。無くしたドラクメ銀貨を見つけましたから』。あなた方に言っておく。このように、一人の罪人が悔い改めれば、神の使いたちの間に喜びがある」。

（ルカによる福音書15章8―10節）

ドラクメ銀貨は物です。ドラクメ銀貨がさよならと言って出て行くはずがありません。人間と神という関係から見ると、人間の方が出て行くわけですから、それを的確に表現できるたとえにすべきです。しかし、イエスはどういうたとえにしたかというと、ドラクメ銀貨をもともと持っていた神の側に責任がある、思わず落としてしまった、無くしてしまった、とそういうたとえにしているのです。責任は僕の方だ、ごめん、お前のことをよく見てなくてごめん、どこに行った、どこにあるか、どこに落ちたかと。こういうふうに自分の責任だと思って、一生懸命捜す。だから見つけた時の喜びがこんなに大きい。こんな大きな喜びを感じるくらい、本当に心配する。それが神様の心です。こういうふうにイエスは語っているわけです。

そして、三番目の放蕩息子のたとえ（ルカ15・11―32）です。ここでも明快に出てきます。放蕩息子はお父さんに平気で言います。「お父さん、財産を分けてください。わたしがもらうべき分を」。本当は権利はないのです。全財産はお父さんのものですから、お父さんが誰かに相続させると言えばそのとおりになるのです。子どもに別に相続させなくてもいいわけです。しかし、息子は平気で言うのです。「お父さん、ください」。お父さんは寛大です。息子はどうするかと言えば、さっさと現金に換えて、「こんなうちになんかいられるか」と、家を出て行く。そんな子どもだけれど、いや、そんな子どもだからこそ、お父さんは心配です。だから、この息子が行き詰まって、どうしようもなくなって、ふっと気づいて帰ってくるときに、うんと喜ぶのです。子牛を屠ろうと言うくらいうれしいのです。それほど心配していたということです。あの迷った羊に対するように、無くなったドラクメ銀貨に対する思いのように、あの子はどうしたかなあと心配する、そういう思いを深く持っていたから、戻ってきた姿を見てとても喜ぶのです。しかし、忘れないでください。この子は全然いいことをしていないのです。お父さんや、周りに迷惑ばかりかけました。本人もそれを自覚しています。それでも、「お前はわたしの大切な息子だ」と言って、息子として受け止めるお父さんです。お父さんにそんな義務はまったくありません。しかし、それが神なのです。わたしたちの側にほめられるような資格がまったくなくても、赦される資格がなくても、いいものなんか何も持っていなくても、「よく帰ってきた」と、そう言って受け止めてくださるのが御父なのだとイエスは語ったのです。本当は羊の方が迷い出たのだけれども、「わたしが見失ったんだよ、お前を捜さないわけにはいかないんだよ」と、そんなふうに受け止めてくださるのが、わたしたちの神なのだと。

この意味で、神のいつくしみの心、それは神の義務だというのです。人間に対して神はそうせずにはいられないし、そうしなくてはいけないのだということを語っているのです。

もう一つありました。わたしにとって印象的だったのは、ヨハネ4章のサマリアの婦人のところです。ここでサマリアの女とイエスがばったり出会います。ばったりというと、たまたまのように聞こえますが、これは北村神父が説明しておられたところです。それは4章4節です。覚えていますか。なかなかいいことを言うなあと思いました。イエスは、「サマリアをお通りにならなければならなかった」。地理的にはそんなことはありません。道はいくらでもほかにあります。しかし、ヨハネは書くのです。そのサマリアの道を通らなければならなかった、と。なぜでしょう。なぜこのように書くのでしょうか。なぜ通らなければならなかったのでしょうか。イエスは井戸端に疲れて座っていて、そこにサマリアの婦人が登場してきます。お昼時です。この女性と出会うためにサマリアを通ったのです。それが出会わなければならなかった、出会わないわけにはいかなかったのです。それがイエスの使命だからです。ヨハネはそう言いたいのではないか、というのが北村神父のお話でした。彼女と出会うことに、一体どれほどの意味があるのでしょうか。彼女がどういう状況であったか、まず考えましょう。彼女には五人の夫がいました。そして今、六番目です。しかし、今の男は夫ではありません。どういう状況にあるのかわかりにくいけれど、まあ、普通ではありません。おそらくそのこともあって、彼女は昼時に井戸に水をくみに来るのでしょう。普通なら、水をくみに来るのはもっと涼しい時、一日が始まる朝です。わざわざその時を避けて、お昼時、誰も水をくみに来ないであろう時に水をくみに来たのです。

そもそもサマリア人はどういう状況におかれていたのでしょうか。ユダヤ人とサマリア人はただ単に喧嘩しているだけではなく、両者の間には上下関係がありました。ユダヤ人が上で、サマリア人は被差別の人、差別される下です。しかも、ここに登場したのはサマリア女性です。女性はサマリア人の中にあってもさらに差別されています。そういう苦しい状況におかれていることに加えて、さらに彼女は五人の夫がいたという特殊な状況を生きています。こういう女性だからこそ、イエスは彼女に出会わなければならなかったのです。それがイエスの使命なのです。イエスは一体どんな使命を持っていたのでしょうか。この出会いは、「わたしは失われた羊を捜すために来た」というのが、イエスの使命、イエスの心、御父のみ心なのだということを表しているのです。そのことをヨハネは「サマリアをお通りにならなければならなかった」と、こう書いたのではないだろうか、と言うのです。ただ単に神があわれみ深い方、いつくしみ深い方であるというのを越えて、今のヨハネのこの記事や、さきほどの、ルカが書いた「見失った羊」「見失った銀貨」に表れているように、神は自分の責任と受け止めているのです。「どこへ行ったか、わたしの責任だよ、ごめん、どこに行ったか、戻っておいで」と言う、そういうのがわたしたちの神なのだということを、イエスがわたしたちに語られたのです。これがわたしたちの信じる神なのだと。

少しイメージが違ってきているなという気がしませんか。「主よ、あなたがみ国においでになったときには、わたしを思い出してください」と言えば、「いいよ。一緒に天国だ」と言ってくださる。天国泥棒と言われても、それはイエスらしい。

わたしたちの神は喜んでそうしてくださる方なのだ。こういう神に、こういうイエスにもっと気づいていこうというのが、この特別聖年のポイントです。

福音を生きる

実はこの先があります。私なりの理解ですが、この大勅書の大きな流れのポイントとしては、神はこんなにいつくしみの方なのだと示し、次に、イエスはそれを受け継いだ方なのだと示し、そして三番目、だから私たちもそれに倣って生きようと招く、これがこの大勅書のポイントです。これは大変です。今お話ししたことは、なるほどと頭では理解できるでしょう。頭で理解するのでは足りない、と教皇は言うのです。福音は頭で理解するものではない、福音は生きるものです。あなたは福音を生きるのだ。福音を生きてこそ、そこに喜びが湧いてくるのだと教皇は言うのです。「皆さん、福音を生きましょう！」と教皇は呼びかけます。そもそも、今までのローマを中心とした教会は理性が勝り、理解することに重きを置いた理性中心の教会です。ですから何が正当か、何が異端かと議論するのです。それは理性中心の教会の特徴です。これに対して教皇は、そんなものは横に置いておいて、もっと福音を生きようと呼びかけるのです。それは教皇がアルゼンチン出身だからだとわたしは思います。福音を生きるということ、これが一つのポイントです。

さらに、もう一歩進みます。教皇は、「G7の国々の教会の皆さん（わたしたちもG7の国の中に入っているのです）、気づいてください。わたしたちが信じている福音は、わたしたちが信じているイエスは、G7の中だけではありません。もっと外にいるたくさんの人たちのための福音でもあるのです。わたしたちは知らない間にわたしたちの周りに壁をつくっています。そしてG7の壁の中で、これがキリスト教だと考えています。G7の中でこうすればいい、こうして助け合えれば、これがキリスト教徒としての生き方だと。違います。それはあなたたちがG7のまわりに勝手に壁をつくってやっていることです。本物ではありません」、こう言うのです。わたしはそれに気づいてほしいと思って、この特別聖年を制定したのですと、教皇は言うのです。これも、彼がアルゼンチン出身だからでしょう。アルゼンチンはG7のはるか彼方《かなた》の彼方です。彼は知っているのです。

どれほどの虐殺が起こっているか。どれほどの非人間的なことが行われているか。どれほどマフィアがいるか。どれほどの暴力がはびこっているか。どれほどのG7のエゴによって人々がこんなに苦しい状況にあるか。彼らは叫びに叫んだ。「G7の教会の皆さん、同じ信仰をもつわたしたちです。わたしたちの苦しみ、問題に気づいてください。皆さんとも関係があるのです」。それをG7の教会は無視したのです。ずっと無視してきたのです。教皇はそれを知っているから、今、教皇になって言うのです。

この聖年の間に経験すべきことは、自分とはまったく異なる周縁での生活――現代世界がしばしばその劇的な状態を引き起こしています――を送るすべての人に心を開くことです。今日の世界には、どれだけ不安定で苦しい状況があることでしょうか。どれだけの傷が、もう声を上げることのできない多くの人の肉体に刻まれていることでしょう。それは、豊かな人の無関心によって彼らの叫びが小さくかき消され、それ以上声が出せなくなってしまったからなのです。この聖年の間に、教会はこれまでにも増してこの傷の手当てをし、慰めの油を塗り、いつくしみの包帯を巻き、連帯としかるべき気遣いをもって世話をするよう呼びかけられることになります。侮辱を与えることになる無関心、心を麻痺《まひ》させて新しいことを求めさせないようにする惰性、破壊をもたらす白けた態度、そうしたものに陥らないようにしなければなりません。世界の悲惨さと、これほど多くの尊厳を奪われた兄弟姉妹の傷をよく見るために、目を開きましょう。そして、助けを求める彼らの叫びに耳を傾けるよう呼びかけられていることに気づこうではありませんか。彼らの手を握り、彼らをわたしたちのもとに引き寄せましょう。彼らが、わたしたちの存在と友情と兄弟愛によるぬくもりを感じることができるようになるためです。彼らの叫びが、わたしたち自身の叫びとなりますように。そして、偽善と利己主義を隠そうとしてはびこることが多い無関心という壁を、わたしたちがともに壊すことができますように。（大勅書15）

教皇は言います。「心を開け」、と。自分の中だけに閉じこもるな、と。それは本物のキリスト教じゃない。教皇の呼びかけはとても具体的です。よきサマリア人を思い出しませんか。それをするのです。「する」、それが福音を信じることなのです。しているか、していないか、生きざまが問われているのです。わたしたちの無関心が苦しんでいる人たちに対する侮辱なのです。彼らがどれほど叫んでいるか、訴えているか、まったく無視する無関心がどれほど彼らの尊厳を傷つけるか。彼らの悲惨な状況を教皇は感じ取っているのです。教皇が呼びかけることはみな具体的な行動です。頭で理解すればいいというものではないのです。

おわりに

わたしたちにはいつくしみの特別聖年にあたって、こういうメッセージが送られてきました。わたしたちは御父のいつくしみが、イエスのいつくしみが、「私の責任だよ。どこへ行ったんだ。捜しているよ。戻っておいで」と、わたしたちに語りかけられていることを教えられました。今、「わたしたちもそう生きようよ」、という呼びかけを教皇はしています。理解することだけでは足りない。生きることなのだ、と言うのです。

今年のはじめ、ローマで会議がありました。会議に出席するにあたって、二日ばかり余裕をもってスケジュールを組みました。ちょうどいい具合にこの二日が空いたので、この二日間で一人の神父に会いに行くことにしました。もう三十年くらい全然会ってないし、まったく音信もありません。三十年前にお世話になったとき、彼は北イタリアのロッツォという人口が六百人ほどの小さな村の主任司祭でした。クリスマスのたびに彼の所に呼ばれて、クリスマスを共に過ごしました。その時に、一生懸命やるすてきな神父だなと思ったのです。三十年以上たった今、同じ神父として、先輩として、どんな思いで人生を締めくくろうとしているのか聞いてみたいと思ったのです。彼がパドバ教区の司祭だとわかっていましたから、教区事務局に電話をかけて彼の連絡先を聞こうかなと思っていたら、うまい具合に彼の電話番号を知っている人がいました。それで彼に電話をかけました。「バレンティノ神父、わたしはアゴスティノ鈴木だよ、覚えているかい」。「チャオ、アゴスティノ、覚えているよ。元気かい?」。しばらく話して「それじゃ、またね」と電話を切ろうとするから、「わたしが電話をかけたのはあなたに会いたいからなんだよ。会おうと思っているんだよ」と言ったら、「わかった。それじゃあ、こっちに来る列車の時間を教えてね。じゃね、チャオ」とまた切ろうとします。ちょっとせっかちです。「ちょっと待って。ローマから特急で四時間くらいかかるんだから、行ったら一泊するよ。宿の方も頼むね」。「わかったよ。準備するからね。待ってるよ」。三十年たっていますから、どう変わっているかはわかりません。もしかしたら、出会ってもわからないかもしれないと少し心配しました。改札口を出たら、すぐにわかりました。相変わらずすらっとしていて、相変わらず早口のイタリア語で、でも顔を見たとき、ああ、やっぱり三十年という時が流れているなあと感じました。わたしは、彼のお父さんに会ったことがあります。「お父さんによく似てきたよ」と言ったら、「ありがとう。それは僕にとっては喜びの言葉だよ」。そういう彼でした。今はもう主任司祭を引退していました。今は若手の神父のもとで、働いている彼でした。

彼との話の中に、フランシスコ教皇のことが出てきました。彼は、教皇が言っていること、やっていることを見ていたら、「バレンティノ、あなたが歩んできた道は間違っていないよ。それでいいんだよ。がんばれ！」と励まされているような気がするというのです。すごいでしょう！　彼は大勅書を生きているのです。

三十年前は、彼がどんなポリシーをもって神父になったのか、どんな思いで生きているのか分かりませんでした。ただ魅力的だな、とは感じていたのです。一生懸命生きているな、というのはわかっていました。でも、どんな方向を見つめているのかはわからなかったのです。彼は言いました。「だってイエスさまはそう生きられたじゃないか」。たいしたものです！　話を聞いてみると、彼は五十年間ずっと、特に痛みを持っている人、障害を持っている子どもたちとその家族と一緒に歩み続けたのです。この道を五十年間徹底して歩み続けたのです。車で走っていると、電話がかかってきます。障害を持っている子からだなとすぐわかります。「バレンティノ神父さま、不安なんです。祝福してください」、と。彼は「いいよ、まず一緒に祈ろうね」と言って祈ります。そして最後に、「祝福するからね、神様があなたを豊かに祝福してくださいますように。父と子と聖霊のみ名によって、アーメン」。そうすると「神父さま、ありがとうございました。安心しました」。そのとき、思い出したのです。三十年以上前、彼がクリスマスの時に、私を連れて障害を持っている子どもの家を必ず訪問していたことを。

わたしの周りにも自分の力ではどうしようもなく越えられない痛み、悲しみ、憎しみを持って生きている人がいます。そういう人に対して「どんなアドバイスができるか」と聞くと、彼は即答しました。「例えば、人を恨んでいて、恨みから抜けられないと言う人に対しては、まず、自分と同じように恨みから抜けられないでいる人を捜してごらん、必ずいるから。次に、その人がその恨みから抜けられるようにその人と一緒に歩むんだよ。そして、その人が恨みから抜けだせたら、その時には、あなたも恨みから抜けだせているよ。これが道だよ」。こうバレンティノ神父は語ったのです。五十年の経験から得た秘訣《ひけつ》です。すごいなあ、と思いました。

皆さん、わたしは、教皇がおっしゃるようにG7の外へ向かおうと思います。最終的にはそこでしょう。よきサマリア人の例えがそれですから。しかし、最初は小さなことから始めたらいいと思うのです。大切なのは、実際に行うことです。何ができるでしょうか。「わたしはあの人に声を掛けよう、元気になれるように声を掛けよう」。例えばここにいる皆が一日に二回、「よし、声を掛けよう、気持ちを込めて、相手に伝わるように声を掛けよう」、と決めて始めてごらんなさい。教会は変わりますよ。「なんだろう、違うぞ！」ということになります。「よし、わたしはあそこでじっとしているあの人を訪問しよう、週に一回は訪問しよう」。みんなが病人の訪問をしてごらんなさい。すごいうねりになるでしょう。すごい証しになるじゃないですか。こうして自分にできることから行うことです。「理解することで終わるな、行動に出よ」、ということです。

実はこれを行ったのが、高山右近です。彼がミゼリコルディアの組に入っていたのをご存じでしょう。いつくしみの組です。この組は、フランシスコ・ザビエルの時代から存在していました。そして日本にも伝えられ、高山右近は組頭になりました。キリスト者の生き方、それはミゼリコルディアを生きることと心得たのです。右近はそれに命を懸けました。『右近と歩む祈りの道』の中に書いてありますが、ミゼリコルディアには七つの道があります。これはドチリナ・キリシタンの中にも書かれています。そしてこれは教皇フランシスコのいつくしみの特別聖年の大勅書の中にも引用されています。大勅書15番の続きです。

わたしの心からの願いは、この大聖年の間にキリスト者が、身体的な慈善のわざと精神的な慈善のわざについてじっくりと考えてくださることです。

それは、貧困という悲劇を前にして眠ったままであることの多いわたしたちの意識を目覚めさせ、貧しい人が神のいつくしみの優先対象であるという福音の核心を、よりいっそう深く理解するための一つの方法となることでしょう。イエスの教えは、わたしたちがその弟子として生きているか否かを理解するための、慈善のわざの数々を示しています。身体的な慈善のわざをあらためて見てみましょう。飢えている人に食べさせること、渇いている人に飲み物を与えること、着る物を持たない人に衣服を与えること、宿のない人に宿を提供すること、病者を訪問すること、受刑者を訪問すること、死者を埋葬すること——、これです。さらに、精神的な慈善のわざも忘れてはなりません。疑いを抱いている人に助言すること、無知な人を教えること、罪人を戒めること、悲嘆に打ちひしがれている人を慰めること、もろもろの侮辱をゆるすこと、煩わしい人を辛抱強く耐え忍ぶこと、生者と死者のために神に祈ること、これです。

この一年間、「いつくしみ」を学んできて、皆さんはこの学びをどう締めくくられますか。神のいつくしみ、イエスのいつくしみ、それをわたしはどう受けとめ、どう生きていくでしょう。理解するだけにとどまらず、「主よ、あなたの力に支えられて、生きさせてください。少しでもできるところから、少しでもあなたに倣って、歩むことができますように」。これをわたしのクリスマスのプレゼントにしたいものです。

※聖書の引用はフランシスコ会訳を使用しています。
※大勅書とは『イエス・キリスト、父のいつくしみのみ顔』（「いつくしみの特別聖年広布の大勅書」）のことです。

あとがき

カトリック京都司教区聖書委員会は、一九八六年から毎年、各教区や修道会から講師の方々をお招きし、「聖書講座」を開催してまいりました。多くの方々のご参加をいただき、神のみことばを通してイエス・キリストを深く知り、イエス・キリストと出会うための生き生きとした学びを続けています。しかし昨年は、新型コロナウイルス感染拡大のため、残念ながら初めて講座を中止せざるを得ませんでした。一日も早く感染が終息し、講座を再開できますようにと祈るばかりです。

そんな中、聖書講座シリーズ15として、二〇一六年に開催された聖書講座「神の正義と神のいつくしみ――いつくしみの特別聖年にあたって――」の講話を抜粋して編集し、出版の運びとなりました。聖書をより深く学びたい方、また学ぶ機会の少ない友人知人の方々にも、本書をご紹介いただければうれしく思います。この本を通して、真の神のいつくしみが何であるかに気づいていただく機会となれば幸いです。

この本の出版にあたり、講師の神父さま方には講話の校正で大変お世話になりました。また、サンパウロの皆さまはじめ、ご協力くださった方々に深く感謝申し上げます。

当聖書委員会では、聖書講座の講話を録音してCDにしたものを、献金でお分けしています。これは、一度聴いたものをさらに深め味わうため、講座に参加できない方と分かち合うため、あるいはプレゼントとして利用することによって福音宣教の一助としていただくためです。講話を講師の方々ご自身のお声で味わってみたいと思われる方は、左記までご連絡ください。

なお本書における聖書の引用は、一部を除き、『聖書新共同訳』（日本聖書協会発行）によっています。

カトリック京都司教区聖書委員会

〒602―0934　京都市上京区新町通一条上ル一条殿町五〇二―一
カトリック西陣青年会館内
カトリック京都司教区聖書委員会
電話　〇七五―三六六―六六〇九
ファックス　〇七五―三六六―六六七九
e-mail: seisho@kyoto. catholic. jp

二〇一九年より、カトリック京都司教区本部事務局は、移転工事のため、仮事務所で業務にあたっています。数年後には再び移転しますので、右記住所、電話番号などに変更があるかもしれません。京都司教区のホームページなどでご確認いただきますようお願いいたします。

■著者紹介

村上　透磨　　京都府出身
1966年　司祭叙階
京都司教区司祭

澤田　豊成　　東京都出身
1996年　司祭叙階
聖パウロ修道会司祭

一場　修　　群馬県出身
2001年　司祭叙階
マリスト会司祭

白浜　満　　長崎県出身
1990年　司祭叙階
2016年　司教叙階
広島司教区司教

西　経一　　長崎県出身
1983年　司祭叙階
神言修道会司祭

北村　善朗　　滋賀県出身
1991年　司祭叙階
京都司教区司祭

鈴木　信一　　愛媛県出身
1978年　司祭叙階
聖パウロ修道会司祭

聖書講座シリーズ既刊一覧

聖書委員会では、聖書講座の講話を抜粋し、本にして出版しています。

〔シリーズ 1〕聖書にみる女性たち　―救いの歴史における女性の使命―

- マルタとマリア……………………………………沼野 尚美（六甲病院チャプレン）
- 聖母マリアの魅力…………Sr. 渡辺 和子（ナミュール・ノートルダム修道女会）
- イエスの系図における五人の女性…………………北村 善朗神父（京都司教区）
- 聖母マリアとわたしたち………………………中川 博道神父（カルメル修道会）

定価 1,100 円 + 税　　出版　サンパウロ

〔シリーズ 2〕御父・御子・聖霊なる神　―みことばに生かされて―（品切れ）

- ゆるしてくださる神…………………………………大塚 喜直司教（京都司教区）
- 水と霊によって生まれる………………………中川 博道神父（カルメル修道会）
- イエス・キリストを通して示された神の愛…沼野 尚美（六甲病院チャプレン）
- 聖霊を受けなさい 私は遣わす …………………幸田 和生司教（東京大司教区）
- 預言者たちの神………………………………………雨宮 慧神父（東京大司教区）
- 貧しき者の神……………………………昌川 信雄神父（クラレチアン宣教会）

定価 952 円 + 税　　出版　京都司教区聖書委員会

〔シリーズ 3〕神から神へ　―ともに歩んでくださる神―（品切れ）

- 死から生命への旅……………………………池永 潤大司教（大阪大司教区）
- 太祖物語のはじめと終わり……………………来住 英俊神父（御受難修道会）
- 神の民……………………………………………………高山 貞美神父（聖心布教会）
- 闇から光へ―パウロにおける闇と光………………北村 善朗神父（京都司教区）
- 地と天、人と神……………………………………中川 博道神父（カルメル修道会）

定価 1,200 円 + 税　　出版　サンパウロ

〔シリーズ 4〕100 匹の羊の群れ　―福音宣教する共同体―

- 共感・共有し合う仲間…………………………………菊地 功司教（新潟司教区）
- 小さき者の母体なる教会共同体……………………高山 貞美神父（聖心布教会）
- 門の内と外・天と地……………………………鈴木 信一神父（聖パウロ修道会）
- 受肉・受難・復活の秘義と秘儀………………中川 博道神父（カルメル修道会）
- 三位の神と共に歩む神の民…………………………北村 善朗神父（京都司教区）
- 主の食卓に招かれて……………………………国井 健宏神父（御受難修道会）

定価 1,200 円 + 税　　出版　サンパウロ

〔シリーズ5〕マルコ福音書を読む　―イエス・キリストの秘密―（品切れ）

- 神の子イエス・キリストの福音の初め……………幸田 和生司教（東京大司教区）
- イエスの言葉を聞く人々と神の国の成長………中川 博道神父（カルメル修道会）
- エルサレムへの道…………………………………………西 経一神父（神言修道会）
- イエスの変容…………………………………………………北村 善朗神父（京都司教区）
- イエスの道の完成―神の国の実現へ……………沼野 尚美（六甲病院チャプレン）
- マルコ福音書における
  メシアの秘密………………………Sr. 小久保 喜以子（ノートルダム教育修道女会）

定価 1,100円＋税　　出版　サンパウロ

〔シリーズ6〕ルカ福音書を読む　―同伴者イエス―（品切れ）

- イエスと共にあること…………………………………鳥巣 義文神父（神言修道会）
- 目覚めて備える―終末に向かって「今」を生きる…北村 善朗神父（京都司教区）
- 旅空のイエス―エルサレムに向かいつつ
  弟子を教育する………中川 博道神父（カルメル修道会）
- 神の憐れみと富…………………Sr. 小久保 喜以子（ノートルダム教育修道女会）
- 最後の日（過越の日）……………………Sr. 伊従 信子（ノートルダム・ド・ヴィ）
- 復活・昇天・新しい共同体の誕生……………鈴木 信一神父（聖パウロ修道会）

定価 1,400円＋税　　出版　サンパウロ

〔シリーズ7〕ヨハネ福音書を読む　―復活の主に出会う―（品切れ）

- イエスによる啓示の最初の日々…………………池長 潤大司教（大阪大司教区）
- サマリアの女との問答…………………………………大塚 喜直司教（京都司教区）
- 過越祭におけるイエス（命のパン）…………中川 博道神父（カルメル修道会）
- わたしはまことのぶどうの木………………………北村 善朗神父（京都司教区）
- 復活の主イエス…………………………………………英 隆一朗神父（イエズス会）
- 栄光の書（受難・復活）………………………鈴木 信一神父（聖パウロ修道会）

定価 1,400円＋税　　出版　サンパウロ

〔シリーズ8〕今、キリストを証しする　―聖書に学ぶ現代人の生き方―（品切れ）

- 現代社会…………………………………………………大塚 喜直司教（京都司教区）
- 証しする教会共同体……………………………鈴木 信一神父（聖パウロ修道会）
- 秘跡…………………………………………………渡辺 幹夫神父（カルメル修道会）
- 家庭…………………………………………………中川 博道神父（カルメル修道会）
- 信徒……………………………………Sr. 伊従 信子（ノートルダム・ド・ヴィ）
- 女性………………………………Sr. 小久保 喜以子（ノートルダム教育修道女会）
- 子供……………………………………………………………西 経一神父（神言修道会）

• 司祭・修道者……………………………………………柳田 敏洋神父（イエズス会）
• 障がい・病……………………………………………………奥村 豊神父（京都司教区）
• 老い…………………………………………………………北村 善朗神父（京都司教区）
• 死……………………………………………………………一場 修神父（マリスト会）
• 希望…………………………………………………………村上 透磨神父（京都司教区）

定価 1,500 円+税　　出版：サンパウロ

〔シリーズ 9〕マタイ福音書を読む
—神の国のメッセージ・インマヌエルである神—
• マタイの構造とメッセージ……………………………村上 透磨神父（京都司教区）
• イエスの活動の準備……………………………………北村 善朗神父（京都司教区）
• 山上の説教………………………………………………小野 十益神父（京都司教区）
• この世の不信仰…………………………………中川 博道神父（カルメル修道会）
• 神の国の奥義……………………………………………鳥巣 義文神父（神言修道会）
• 権威についての論争……………………………鈴木 信一神父（聖パウロ修道会）
• 復活と派遣………………………………………………英 隆一朗神父（イエズス会）

定価 1,400 円+税　　出版：サンパウロ

〔シリーズ 10〕キリストの祭司職へ招かれているわたしたち
• キリストの祭司職………………………………………北村 善朗神父（京都司教区）
• 神の民の祭司職…………………………………鈴木 信一神父（聖パウロ修道会）
• 信徒の祭司職………………………………………………奥村 豊神父（京都司教区）
• みことばと祭司職………………………………中川 博道神父（カルメル修道会）
• 共同体と祭司職…………………………………………英 隆一朗神父（イエズス会）
• 神の民を聖化する司祭……………………白浜 満神父（サン・スルピス司祭会）
• 牧者である司祭…………………………………澤田 豊成神父（聖パウロ修道会）

定価 1,400 円+税　　出版：サンパウロ

〔シリーズ 11〕出会いと回心—神に還る—
• アブラハムとヤコブ………………………白浜 満神父（サン・スルピス司祭会）
• モーセ……………………………………………………英 隆一朗神父（イエズス会）
• イザヤとエレミヤ……………………………………………西 経一神父（神言修道会）
• マリアとヨセフ…………………………………………北村 善朗神父（京都司教区）
• ペトロとパウロ…………………………………澤田 豊成神父（聖パウロ修道会）
• マリアとマルタとラザロ………………………鈴木 信一神父（聖パウロ修道会）
• イエス・キリストご自身………………………中川 博道神父（カルメル修道会）

定価 1,400 円+税　　出版：サンパウロ

〔シリーズ 12〕信仰に生きる―典礼暦に沿って―

- 待降節……………………………………………澤田 豊成神父（聖パウロ修道会）
- 主の降誕と公現……………………………………………奥村 豊神父（京都司教区）
- 四旬節……………………………………………鈴木 信一神父（聖パウロ修道会）
- 主の復活……………………………………………北村 善朗神父（京都司教区）
- 聖霊降臨と三位一体……………………………英 隆一朗神父（イエズス会）
- キリストの聖体……………………………白浜 満神父（サン・スルピス司祭会）
- 王であるキリスト……………………………………………一場 修神父（マリスト会）

定価 1,400 円+税　　出版：サンパウロ

〔シリーズ 13〕パウロの手紙を読む―キリストに捕らえられて―

- パウロという人……………………………………………村上 透磨神父（京都司教区）
- わたしたちは信仰によって義とされた………澤田 豊成神父（聖パウロ修道会）
- だれが、キリストの愛からわたしたちを
  引き離すことができましょう…………………………北村 善朗神父（京都司教区）
- あなたがたはキリストの体である…………………英 隆一朗神父（イエズス会）
- 肉に従ってキリストを知ろうとはしません…………西 経一神父（神言修道会）
- わたしは戦いを立派に戦い抜き、
  決められた道を走りとおした…………………鈴木 信一神父（聖パウロ修道会）

定価 1,200 円+税　　出版：サンパウロ

〔シリーズ 14〕使徒言行録を読む―聖霊に導かれて―

- ペトロの宣教……………………………………………中川 博道神父（カルメル修道会）
- 聖霊の働き……………………………………………一場 修神父（マリスト会）
- パウロと律法……………………………………………西 経一神父（神言修道会）
- パウロの宣教……………………………………………北村 善朗神父（京都司教区）
- パウロの受難……………………………………………鈴木 信一神父（聖パウロ修道会）
- パウロからわたしたちへ…………………………澤田 豊成神父（聖パウロ修道会）

定価 1,400 円+税　　出版：サンパウロ

＊ご希望の方は、カトリック京都司教区聖書委員会までお申し込みください。
　在庫のない本もありますので、その場合はサンパウロにお問い合わせください。

〒 602-0934　京都市上京区新町通一条上ル一条殿町 502-1
カトリック西陣青年会館内
電話 075-366-6609　FAX 075-366-6679　E メール seisho@kyoto.catholic.jp

神《かみ》の正義《せいぎ》といつくしみ

企画・編集——カトリック京都司教区聖書委員会

発行所——サン パウロ

〒160–0011　東京都新宿区若葉 1–16–12
宣教推進部（版元）　(03) 3359–0451
宣教企画編集部　　(03) 3357–6498

印刷所——日本ハイコム㈱

2021 年 5 月 23 日　初版発行

ISBN978–4–8056–1534–8　C0316（日キ版）

には何も驚くべきものはありません。なぜなら無限の愛は、完全に自分に死ぬことにほかならないからです。

神は聖霊において父であり、御子は聖霊において産み出され、聖霊は御父と御子の霊です。御父も御子も聖霊の掟に支配され、聖霊によって特徴づけられ、聖霊において父であり、子です。聖霊は、命と死の神秘であり、この神秘はキリストの栄光の死において明らかにされます。御父と御子はこの神秘のうちに住んでおられます。

愛としての父性によって御父は、自分自身から出、愛としての子性によって御子は御父に向かって行きます。両者ともいわば屠られたもので、聖霊はその愛です。「見よ、三つ

127　ヘブライ語でもギリシア語でもラテン語でも、霊という単語は息をも意味する。
128　ヨハ7・37〜39、16・7、20・22
129　ロマ6・4、コロ2・12
130　ヨハ3・5、テト3・5

のものがある。愛する者、愛される者、愛である。」[131] **三つのものがあります、屠られた御父、屠られた御子、そして屠りである聖霊です。**三位一体の神秘は、焼き尽くす供え物であって、聖霊はその火です。

愛と屠りの霊はまた神の全能でもあって、神の命、神の栄光でもあるのです。聖霊は栄光の霊（一ペト1・14）、命を与える霊（ロマ8・2）と呼ばれます。聖書は絶えず聖霊の力について語ります。御父がこの世のうちに御子を産み出すのは聖霊の力（ルカ1・35）、復活の栄光のうちに御子を完全に産み出すのも聖霊の力です。無限の御子を永遠に産み出すのはこの無限の力においてであり、聖霊においては、死と命、屠りと力は矛盾するものではありません。

以上のことから、イエスにおいて死と復活は唯一の神秘を成すもので、死そのものが栄光を与えるものであることが分かります。聖霊は御父に向かってのイエスの死であると同時に、イエスを御父に向かって栄光のうちに生かしている力です（ロマ6・10）。聖霊のおかげで、信者の死もまた子としての誕生となり、この終わりのうちに彼らの永遠は始まり、あらゆる関係からの断絶と見えるものは、完全な交わりへ入ることとなります。

死と復活の過越のうちに、三位一体の神秘がこの被造界の中に実現します。すなわち、御父はイエスのうちにその父性を全面的に行使し、イエスの御父との関係は完全に啓示され、聖霊はその永遠の活動に準じて働きます。死において栄光化され、もはや死から出ることのないイエスは、この被造界における神の神秘の聖所です。神はこの聖所にかたどって世界を創造されます。神は人類をキリストのうちに、キリストに向けて創造されます。神は人類を死すべきものとして創造されるのは、死と復活を通して彼らがこの愛の神秘のうちに生き、愛し合うことによって幸福になるためです。さらに神ご自身が彼らのうちにあって幸福となり、彼らのうちにあってご自分の永遠の神秘を祝うためです。

131　聖アウグスティヌス『三位一体論』8・14

ある夕べ、創造が台無しにされ、「あなたは死ななければならない」という有罪の判決が宣告されました。人はエデンの園から追放され、雷で武装したケルビムたちが入口を守るために置かれました（創3・23）。

ある朝、「週の初めの日」（マタ28・1）の世界の夜明けに、女たちが墓を見に来ました。女たちが。なぜなら、男たちよりも、命を与える女たちのほうが死と親密な関係にあるから。彼女たちは「『だれが私たちのために墓の入り口の石を転がしてくれるでしょうか』と言い合っていた。目を上げると石はもう脇に転がされていた。さてそれは非常に大きな石であった」（マコ16・3～4）。「主の天使がその上に座っていた」（マタ28・2）。天使が非常に大きな石の上に座っていたので、どんな力によっても墓を再び塞ぐことはできません。

「最初のものは過ぎ去った……見よ、私はすべてを新しくする」（黙21・4～5）。墓はまだそこにあります。けれども墓は開かれています。**子を生まれさせる胎**のように。

三位の中で、御父がそこで御子を産む胎、御子がそこから生まれる胎は、神の霊という

名を持っています。

死は実に大いなる神秘です。そこには聖霊の神秘が反映しています。そこにおいて御父は産み、御子は産み出され、「宇宙を包み込む」（知1・7）聖霊の神秘が……

著者紹介　F. X. デュルウェル（F-X Durrwell）

1912年、フランス、アルザス州スウルツに生まれ、1931年レデンプトール会に入会。ローマのグレゴリアナ大学、教皇庁立聖書研究所に学び、リヨンならびにヒテルナッハのレデンプトール会神学院で聖書を講じた後、ブリュッセルのルーメン・ヴィテ研究所およびメッツ大学の宗教教育センターの特任教授を務める。

キリスト・人間《にんげん》と死《し》

著　者──F. X. デュルウェル
訳　者──泰皐カルメル会修道院
監　修──小高　毅

発行所──サン パウロ

〒160－0004　東京都新宿区四谷1－21－9
宣 教 推 進 部（03）3359－0451
宣 教 教 化 部（03）3357－8642
宣教企画編集部（03）3357－6498

印刷所──東京リスマチック㈱

2005年4月12日　初版発行

ISBN4-8056-2082-X C0016（日キ販）